企业知识产权价值论

李 俊 主编

知识产权出版社
全国百佳图书出版单位
—北京—

图书在版编目（CIP）数据

企业知识产权价值论/李俊主编. —北京：知识产权出版社，2024.2（2024.9 重印）
ISBN 978-7-5130-9203-6

Ⅰ.①企… Ⅱ.①李… Ⅲ.①企业—知识产权—价值论 Ⅳ.①D913.04

中国国家版本馆 CIP 数据核字（2024）第 013153 号

内容提要

本书为以全方位探讨企业知识产权价值为宗旨的论文集，收录论义三十余篇。各篇论文的作者均在各企业知识产权部门从业多年，关于企业知识产权价值的讨论具有一定代表性。本书通过战略与价值、布局与储备、合规与风控、运用与管理四个部分，对知识产权价值、资产、合规和运用能力作细化呈现和探讨，以期为企业知识产权管理者和从业者带来启发、借鉴和引导，支撑和促进企业实现可持续的、高附加值的高质量发展。

责任编辑：王玉茂　章鹿野		责任校对：潘凤越	
封面设计：任志霞		责任印制：孙婷婷	

企业知识产权价值论

李　俊　主编

出版发行：知识产权出版社有限责任公司		网　　址：http://www.ipph.cn	
社　　址：北京市海淀区气象路 50 号院		邮　　编：100081	
责编电话：010-82000860 转 8541		责编邮箱：wangyumao@cnipr.com	
发行电话：010-82000860 转 8101/8102		发行传真：010-82000893/82005070/82000270	
印　　刷：北京九州迅驰传媒文化有限公司		经　　销：新华书店、各大网上书店及相关专业书店	
开　　本：720mm×1000mm　1/16		印　　张：16.5	
版　　次：2024 年 2 月第 1 版		印　　次：2024 年 9 月第 2 次印刷	
字　　数：252 千字		定　　价：88.00 元	

ISBN 978-7-5130-9203-6

出版权专有　侵权必究
如有印装质量问题，本社负责调换。

编 委 会

主　编：李　俊
副主编：王海波　窦鑫磊　田俊峰
编　委：穆　裕　万景春　赵　星　孙宇轩
　　　　曾有兰　常向月　王淑怡　谢佳航
　　　　童　芳　郝明英　谭　娅　黄　巍
　　　　王　旭　胡　明　宋广磊　刘蔓莉
　　　　曹树鹏　郑柏超

序言

高质量发展之下的企业知识产权价值思考

2017年10月,党的十九大报告提出:"我国经济已由高速增长阶段转向高质量发展阶段,正处在转变发展方式、优化经济结构、转换增长动力的攻关期"。

高质量发展,就是从"有没有"转向"好不好"、从"大不大"转向"强不强",且应当是创新驱动下的可持续的、高附加值的发展。

作为知识产权从业者,在高质量发展语境之下,我们应当如何重新思考和梳理企业知识产权工作的价值和业务内涵,使得我们的工作在新的时代之下更具有意义?

基于过去二十余年笔者在产业界从事创新保护和知识产权管理的实践和思考,笔者认为,可以聚焦价值、资产和能力,从战略定位和业务两个层面思考、设计和推进企业知识产权发展。

在战略定位层面,聚焦企业经营的商业目标,重新审视和定义知识产权的价值;在业务层面,基于战略和价值考量,进一步布局和储备与之相匹配的囊括专利、商标、商业秘密等各种类型在内的高价值知识产权资产,并构建嵌入企业经营全过程的知识产权合规与风险管控能力,以及有效运用和管理知识产权资产的能力。

简言之，价值、资产和能力应当成为企业知识产权工作最核心的关键词。毋庸置疑，如何确立基于企业的商业目标的知识产权价值定位，如何建立与企业核心竞争力相匹配的知识产权资产，如何确保企业经营自由和延展的知识产权能力建设，应当成为企业知识产权部门的三大核心工作。

出于工作原因，笔者每年走访交流的各类创新型企业数量达到上百家。近几年由于参与广东省深圳市"高质量发展领军企业、领军人物评选"的评审调研工作，因此走访企业的次数更是频繁，这些企业有相当比例是上市企业或国内龙头企业。

在走访的过程中，笔者发现一个普遍的好现象。大多数企业管理者会骄傲地介绍其知识产权方面的成绩，尤其是专利的申请，通过荣誉墙展示各类专利授权证书。可见，经过多年的政策引导和市场教育，不管是基于何种目的，申请和储备知识产权的重要性都已经被企业管理者熟知。但是，也普遍存在一个问题。笔者无论是在与企业管理者交流中，还是在企业提供的各类材料里，发现企业对于其知识产权与核心竞争优势或者差异化之间的内在逻辑都体现得较为含蓄，更遑论知识产权在企业经营和商业竞争中的价值定位和思考及实践。

在这样的背景之下，笔者组织了一批在企业知识产权和创新保护方面拥有丰富的实务经验的青年作者编写此书。正是基于对企业知识产权价值的思考主线，本书在结构上，以战略与价值提纲挈领，依次从布局与储备、合规与风控、运用与管理三个板块分别阐述，从业务、策略、逻辑和操作层面对知识产权价值、资产、合规和运用能力进一步细化呈现和探讨，以期带给企业知识产权从业者和企业管理者以启发、借鉴和引导，能够形成一套"价值+资产+能力"的企业知识产权思维体系和业务体系，进而支撑和促进企业实现可持续的、高附加值的高质量发展，使知识产权人在企业实现宏大商业目标的征程中能够大显身手，浪遏飞舟。

集百家之所长，融百家之所思。本书是集体智慧之作。作者们从各自所在的不同行业领域、业务类型、思考维度及其所在企业不同的发展阶段出发,将他们多年躬耕于企业知识产权和创新保护的宝贵经验提炼总结,付梓分享,精神难能可贵。但也正因如此,本书在体系化、完整性以及衔接紧密度方面显得不足。由于时间仓促,水平所限,因此难免存在诸多疏漏、偏颇之处,还请不吝批评指正,尤其欢迎各种交流和探讨。

李　俊

2023 年 12 月

目录

第一部分　战略与价值

企业知识产权的创新价值与实践 …………………………… 金武超（003）
新时代企业知识产权体系建设的意义 ………………………… 石力强（008）
高质量发展背景下，企业如何开展知识产权工作 …………… 曹树鹏（014）
科技创新型企业如何实现知识产权商业价值 ………………… 黄　巍（022）
企业知识产权服务供应商管理浅谈 …………………………… 王淑怡（028）
企业知识产权保护与管理策略 ………………………………… 曾有兰（033）
科创板进程中的知识产权管理 ………………………………… 黄　巍（037）
硬件科技企业的专利管理策略 ………………………………… 万景春（045）
品牌法律化：企业品牌管理工作新思考 ……………………… 王　旭（051）
浅谈企业名称、商标和字号的管理 …………………………… 常向月（056）
企业商业秘密管理核心要点 …………………………………… 宋广磊（062）
创新型企业知识产权工作重点 ………………………………… 姜城子（073）

第二部分　布局与储备

系统观念下企业知识产权的价值定位及实现路径初探 ……… 赵　星（087）
浅谈知识产权与科技创新 ……………………………………… 卢万腾（098）
浅析高价值专利在企业运营活动中的价值塑造 ……………… 孙宇轩（106）

皇冠上的明珠
　　——发现及培育高价值专利 ………………………… 谢佳航（113）
专利分析工作中重点专利筛选指标推荐 ………………… 林坤坚（118）
创新型科技企业专利挖掘方法 …………………………… 胡　明（123）
申请发明创造前应考虑的问题 …………………………… 李　杰（132）
护肤品中的"专利成分" …………………………………… 黄磊瑜（138）
解析专利规避的常规方法 ………………………………… 蒙祖龙（142）
专利布局不再"一招鲜"，专利布局定制化方可价值最大化 … 程　妍（147）
从企业"客户名单"信息保护看商业秘密保护 …………… 窦鑫磊（153）

第三部分　合规与风控

企业海外展会知识产权风险应对探讨 …………………… 刘蔓莉（163）
IPD 模式下的知识产权风险管理 ………………………… 李崇娅（169）
基于《民法典》第 1168 条的专利共同侵权构成探讨 …… 田俊峰（173）
浅谈中小型企业专利防侵权检索分析工作 ……………… 童　芳（186）
在"硬科技"条件下，生物医药企业 IPO 真的很难吗
　　——生物医药企业科创板 IPO 问询要点探讨 ……… 姜城子（191）
网络短视频平台的著作权侵权责任认定 ………………… 郝明英（197）
区块链的力量：区块链与数字著作权保护 ……………… 许　浑（211）
商业秘密保护中的竞业限制应用 ………………………… 穆　裕（215）
企业知识产权侵权风险应对的从容之法 ………………… 程　妍（222）

第四部分　运用与管理

从华为公司与 OPPO 达成全球专利交叉许可事件
　　谈专利交叉许可 ……………………………………… 曹树鹏（227）
专利交易得这么热，我们到底在交易什么 ……………… 王　旭（232）
知识产权作价入股需要注意的问题 ……………………… 刘蔓莉（236）
浅议专利开放许可 ………………………………………… 郑柏超（240）
浅论 AI 生成作品的著作权 ……………………………… 谭　娅（247）

第一部分　战略与价值

企业知识产权的创新价值与实践

金武超

知识产权对于企业的重要性不言而喻。在企业的经营发展过程中，知识产权一直发挥着重要的作用。

普遍观点认为，知识产权对于企业的价值包括三个方面：一是保护创新，将企业在产品或者商业模式上的创新方案通过知识产权的形式获取相应的知识产权权利，从而确保创新方案得到法律保护；二是风险管控，通过知识产权分析与预警规避潜在的知识产权侵权或诉讼风险；三是增值运营，通过转让许可、质押融资等多种方式将知识产权权利变现，实现知识产权的现金价值。然而，从笔者十余年的企业知识产权管理工作的实践经验来看，企业知识产权除了上述三个价值，还有一个非常重要但又容易被企业忽视的价值——促进企业创新活动。

下面，笔者结合实践具体说明企业知识产权如何促进企业的创新活动。

一、创新氛围的营造

创新是企业可持续经营和发展的灵魂。知识产权促进企业创新活动的首要表现在于作为企业创新活动的抓手，通过系列知识产权活动逐步构建企业的创新文化。

首先,通过在企业组织相关的知识产权意识培训,例如知识产权的保护客体、知识产权的权利授予条件、知识产权的维权、知识产权战略体系构建等,从而加强企业内部全体员工对于创新的基本认识和重视,有利于企业创新氛围的营造,为企业创新创造良好的环境和土壤。

其次,通过在企业进行相关知识产权的表彰与宣传,包括最佳发明人、最具价值创意奖等,树立创新标杆,从而为企业员工的创新活动提供榜样,为企业创新提供标杆和激励措施。

最后,通过组织企业内部系列活动,例如新品命名大赛、产品设计大赛、技术难题揭榜活动等,为企业内部人人参与创新提供活动平台,从而营造人人参与创新、人人都能创新的文化氛围,为企业创新提供方法。

通过上述系列活动,能在企业构建起人人认识创新、人人参与创新的企业创新文化。

二、创新能力的培养

有了创新意识和创新的动力,接下来就是创新能力的培养。企业知识产权在培养创新能力方面也可以发挥重要的作用。

笔者在实践过程中发现,在专利挖掘活动中引入创新方法论,在培养研发人员高价值专利挖掘能力的基础上还会外溢到产品的创新能力,从而带来产品的创新升级。一些典型的创新方法论,例如第一性原理、发明问题的解决理论(TRIZ)、跨领域的转用与借用、业务全流程环节的整合等,通过与企业内部员工的工作实际高度结合,可以使企业内部员工快速掌握相关的创新方法论。一方面在专利挖掘时产出高价值专利,另一方面在实际工作中通过有目的地应用创新方法论使得业务流程和产品均得到不同程度的改善,从而带来意想不到的创新产品设计。

另外,在专利规避设计方面,大多数情况下会规避设计中假定的技术方案。有些技术方案可能因为人员、成本、工艺等各方面的考虑未能在实际研发过程中被采纳，但是也有必要考虑是否需要将已放弃的技术方案申请专利保护。即便这个方案最终未能获得授权，但是作为一个公开的专利申请，其记载的技术方案已属于公知技术，其他人也无法取得该技术方案的专利权，于己是有百利而无一害的。通过这样的验证，可以让技术人员在研发过程中了解专利的范围，从而在研发开始就做到一定程度的规避和设计，以达到更好的风控效果。将规避设计的方法论运用到研发工作中，可以达到事半功倍的效果。

因此，在具体的知识产权活动中结合企业内部的工作实际引入创新方法论，再通过具体的创新实践，打造人人都能创新的能力。

创新能力的培养与强化有赖于一个又一个具体的创新实践。企业的知识产权工作可以在创新实践方面大有作为。创新的形式丰富多样，创新常常和创造、创作、发现、发明、专利、作品等概念相互关联。创造性的判定，即必须同时具备独创性和首创性。可以说，企业的技术创新活动与知识产权工作息息相关，要实施有效的技术创新，必须时刻关心知识产权问题，将知识产权的战略性运用贯穿于企业技术创新的全过程。

例如，企业进入新领域时，企业知识产权工作可以通过对新领域创新方案，例如创新理论、专利方案的检索，为企业在新领域的创新活动提供方向性参考；之后通过第一性原理、TRIZ、跨领域的转用与借用等为企业在新领域的创新活动提供方案建议。企业在产品、经营管理的迭代与优化中，知识产权工作可以通过业务全流程各环节的整合、第一性原理、TRIZ等为企业的持续迭代与优化提供方案参考。

又如，企业在技术研发环节中，由于其科研选题、立项、研究、开发各环节都涉及技术情报、信息的利用，因此要重视专利信息的利用。有效利用专利信息，可以分析掌握本领域技术的整体水平、发展趋势、主要竞争对手、主要技术或关键技术所在，有利于准确锁定选题，避免专利侵权、重复研究和开发，提高开发起点，节约研发成本和时间。

三、知识产权和技术创新的相互作用

决定企业综合实力的一个关键因素是企业的科技创新能力。具有强大的创新能力，企业就会发展壮大，反之，则会衰败，这是由市场经济的自由竞争决定的。如果企业只注重创新而不注重知识产权保护，则企业的创新成果很难给企业创造应得的经济效益。

企业在发展过程中，应该同时注重科技创新和知识产权保护，并将两者很好地结合起来，知识产权保护对企业的技术创新也有积极的促进作用。企业没有科技创新，知识产权保护制度也就成为无根之木。因此，需要建立知识产权制度保障企业的科技创新。企业需要加强自身的科技创新能力，提高自身的知识产权保护效果，使科技创新和知识产权保护相互作用、相互促进。

知识产权保护是保证技术创新成果权利化、资本化、商品化和市场化的基本前提之一。技术创新成果需要知识产权的保护，知识产权保护的完善反过来还会大大激励和推动技术创新，成为技术创新促进科技进步的关键。因此，知识产权是企业控制技术、树立形象、获取竞争优势的手段。

四、结　论

从我国与经济发达国家的差距看，经济与社会发展还依靠过去那种挖资源、投入廉价劳动力和原料简单加工，会越来越难以为继，随着科技进步、竞争加剧，创新已成为经济与社会发展的动力源，也是我国实现科学发展、建设创新型国家的必然选择。

知识产权为生产和销售产品提供可能性，它与技术、市场三位一体，协同发展，是与技术、市场同等重要的资源。知识产权的重要性、话题性、国民普及度一再提高，它在技术创新中的作用也日益朝向更深入、更多样的方向发展。

创新的价值在于知识，而知识产权的保护无疑是对创新价值的维护，是创新的强大推动力。创新中不仅有挫折，而且有技术专利保护缺失的风险。专利，特别是核心发明专利，是企业产品进入市场不可或缺的通行证，需要知识产权的保护。经济全球化使资本、信息、技术和人才等要素在全球范围内流动与配置。

所以，加大企业知识产权建设是企业可持续发展的必由之路。企业知识产权对于企业的创新促进价值主要通过三个方面来实现。一是通过培训、宣传表彰、组织创新赛事等构建人人认识创新、人人参与创新的企业创新文化；二是通过知识产权活动引入创新方法论打造出人人都能创新的能力；三是通过具体的创新实践形成人人都是创新者的工作氛围。只要有意识地强化知识产权在创新促进方面的作用，相信企业知识产权工作定能大放异彩。

新时代企业知识产权体系建设的意义

石力强

2023年3月，美国商务部工业和安全局更新了出口管制"实体清单"，有一些中国实体企业、研发机构和个人被列入该清单，包括浪潮集团有限公司、第四范式（北京）技术有限公司、龙芯中科技术股份有限公司、深圳华大基因研究院、江苏银河电子股份有限公司等。❶ 此外，美国对华出口管制的"实体清单"上有600余家中国实体。❷ 被列入"实体清单"意味着，这些实体可能会面临向美国出口商品、技术和服务的限制，以及在美国从事有关商业活动的限制等。这些企业都是中国高科技领域的领军企业，对中国经济发展和科技创新都有着重要的作用，而列入清单对中国企业而言，既是挑战，又是机遇。

自2020年以来，中美两国的经贸关系和科技交流出现了一些阻碍，这也倒逼我国企业在高科技领域加强自主研发创新、对实现"国产替代"心怀决心和勇气。

知识产权的高质量创造是创新发展的基本内涵。要想实现自主研发创新的良性循环，建立有效的知识产权体系是极其重要的基础保障。有效的

---

❶ 佚名. 刚刚，又有29家中国实体被列入美出口管制清单［EB/OL］.（2023-03-04）［2023-06-08］. https://m.163.com/dy/article/HV0O7NVS05318Y5M.html.
❷ 佚名. 美将28个中国实体列入实体清单 自2023年3月2日起生效［EB/OL］.（2023-03-03）［2023-06-09］. http：//www.001ce.com/gouwu/2023/0303/100094142.html.

知识产权体系，一是可以激励创新发展，为创新提供规律研究、有效的资源配置、成果转化的平台；二是直接反映创新能力，尤其是高价值的知识产权，与创新活动相互支撑、相互促进；三是保障创新发展，知识产权的法律价值在一定程度上为技术创新提供了知识产权保护，成为提升竞争力的关键。

我国的知识产权整体水平还处于发展阶段。从 1983 年《商标法》[1] 施行迄今，我国知识产权工作不断得到提升和完善，从行政管理、法律制度、司法保护等方面逐步提高整体知识产权治理水平和能力。各级政府相继出台一系列优惠政策促进企业知识产权工作的开展和提高。欧美知识产权工作起步较早，而我国的知识产权工作起步较晚。因此，我国企业在知识产权普及、知识产权环境、知识产权工作水平等方面都存在不足。大多数企业的知识产权管理还停留在知识产权的获取方面，例如项目研发、专利申请等，在知识产权运营、知识产权风险防范、争议处理等方面鲜有涉足。科学的知识产权管理要求企业的知识产权活动贯穿立项、研发、采购、生产、销售、人事行政、财务等各个环节，几乎所有的部门都要参与其中。

一、关于《企业知识产权合规管理体系　要求》

为了引导我国企业知识产权工作的开展，国家知识产权局于 2013 年起草制定了《企业知识产权管理规范》，对企业的知识产权管理需求进行指导。我国以标准文件的形式给予企业确定的知识产权管理方式和管理方法，并将知识产权贯标作为深入实施国家知识产权战略、建设和完善企业知识产权工作体系、系统推进和深化企业创新与知识产权工作的重要举措。

为了进一步完善新时期企业知识产权工作重点，2023 年 8 月，《企业

---

[1] 为表述简洁，在不影响读者理解的情况下，本书中有关我国法律文本直接使用简称，其完整表述前面应有"中华人民共和国"。——编者注

知识产权合规管理体系　要求》（GB/T 29490—2023）正式发布。由国家知识产权局组织起草、国家知识管理标准化技术委员会（SAC/TC 554）归口管理，并于 2024 年 1 月 1 日正式实施。

《企业知识产权合规管理体系　要求》的重点包括调整标准名称、增加知识产权合规管理相关条款、强化对知识产权类型的全面覆盖、优化标准结构等多个方面，对专利、商标、著作权、地理标志、商业秘密等多种类型知识产权分别提出了获取、维护、运用、保护等管理要求，帮助企业通过建立知识产权管理体系管理好各类型知识产权，为核心业务保驾护航。

（一）调整标准名称

《企业知识产权合规管理体系　要求》更加准确地反映了新标准以知识产权合规管理体系为运行内核，以"要求"作为核心技术要素的特点，强化了与后续贯标认证相关工作的衔接。

（二）强化合规要素

《企业知识产权合规管理体系　要求》在标准全文系统增加知识产权合规管理相关条款，明确了知识产权合规管理体系相关概念，强化了领导重视、全员参与的基本原则，将知识产权合规要求贯穿于各类型知识产权管理全链条、企业经营管理各环节全周期，并在审核改进中将知识产权合规作为重点关注内容，同时增加了附录 B，即"专利、商标、著作权、商业秘密典型禁止性行为列表"，旨在指导企业加强知识产权合规管理体系建设，助力企业规范知识产权管理、履行知识产权合规义务、防范知识产权风险、维护利益和保障发展。

（三）扩大覆盖范围

针对《企业知识产权管理规范》中将专利作为主要管理对象的情况，《企业知识产权合规管理体系　要求》强化了对知识产权类型的全面覆盖，对专利、商标、著作权、地理标志、商业秘密等多种类型知识产权分别提出了获取、维护、运用、保护等管理要求，并在绩效评价中针对不同类型知识产权规定了审核重点，同时，在篇末增加了附录 A，即"商业秘密管理的工具与方法"，帮助企业通过建立知识产权管理体系管理好各类型知识产权，为核心业务保驾护航。

（四）优化标准结构

《企业知识产权合规管理体系 要求》对标国际标准化组织（ISO）提出的管理体系国际标准通用框架"高层结构"（HLS），结构更加完整，系统性更强。《企业知识产权合规管理体系 要求》主要由 10 个主要条款及其相关分条款组成，包括：①范围；②规范性引用文件；③术语和定义；④企业环境；⑤领导作用；⑥策划；⑦支持；⑧运行；⑨绩效评价；⑩改进。

二、关于知识产权贯标

知识产权贯标，就是通过帮助企业建立符合自身发展需求和经济社会发展状况的知识产权管理体系，指导和帮助企业进一步强化知识产权创造、运用、管理和保护，增强自主创新能力，实现对知识产权的科学管理和战略运用，提高国内外市场竞争能力。

（一）提升企业品牌形象

通过知识产权贯标认证，企业可以获得由权威机构颁发的知识产权管理体系认证证书，提升品牌形象，凸显品牌实力。

（二）提升企业竞争力

通过强化企业知识产权创新意识，提升其创新能力，促使企业拥有更强的市场竞争力，使其市场地位得到提升，市场份额得到增加。同时，在发展过程中，一旦遭遇知识产权侵权，企业就可以及时采取有效的应对措施，进而巩固市场地位。

（三）提升企业风险防范能力

加强企业对知识产权风险的防范意识，企业通过建立完整的知识产权体系，可以降低其因为知识产权侵权和被侵权带来的经济损失。

（四）增加经济收益

企业在创造知识产权的过程中，通过不断实施、许可、转让、融资、招投标等手段将其知识产权转化为企业的经济利润，使其经济实力获得加强。

三、知识产权贯标过程中存在的问题

随着贯标活动的全面铺开，我国企业的知识产权贯标有了快速的发展。但是，知识产权体系贯标过程中的问题点也日益突出。

（一）模板化制度，不能充分、适宜地发挥作用

《企业知识产权合规管理体系　要求》作为企业知识产权管理体系的标准性文件，虽然能够在体系搭建、职责明确、资源配置、基础管理等方面给予一定的指导，但是不能结合每个企业的具体问题给出具体细节的实施方案。所以贯标形成的知识产权管理体系也应该与企业的性质、文化、组织、人员相适应。然而大部分企业并没有认识到这一点，在体系设计时缺乏独特性的思考，完全照搬模板，使得搭建的体系与企业现有的管理机制不匹配，未达到科学、有效的运行，出现体系失灵的情况。

（二）以获取资助为导向，缺乏后续动力

大多数企业对于知识产权贯标认证的认知并不清楚，看到优厚的奖励

政策，便跟风式地做起了贯标，为的是能从各级主管部门那里拿到相应的奖励资助，并非出于自身发展的需要。由此造成了很大一部分企业没有真正意识到知识产权贯标的重要性，而只是出于获取资助的目的搭建自身的知识产权体系，且形式大于内容，未真正做到体系持续的策划、实施、审核、改进，不仅不能建立有效的知识产权管理体系，而且浪费资源。

为了解决这一问题，自 2022 年开始，国家知识产权局出台了针对知识产权奖励资助的指导性意见，各地政府也陆续出台有关政策取消了对于知识产权贯标的资助，引导企业树立正确的贯标意识，最大限度地发挥企业贯标应有的积极作用。

火爆全球的 ChatGPT 向人们展示了当下最前沿的人工智能（AI）技术，也带给了人们一些反思。人工智能、芯片、精密制造等硬科技依然是我国企业发展的难点，而发展自主创新、实现弯道超车将是我国企业未来相当长一段时间的主题。我国明确提出实施创新驱动发展战略，加快建设创新型国家。建设创新型国家关键在于自主创新能力，要充分发挥知识产权为创新活动所提供的原动力、支撑力、保障力。企业要做的就是从一个有效的知识产权管理体系开始，千里之行，始于足下，一步步完善知识产权管理工作，一步步驱动创新发展。终有一日，我国企业也会手捧冠军奖杯，站在世界科技的舞台中心！

高质量发展背景下，企业如何开展知识产权工作

曹树鹏

2023年是我国知识产权事业高质量发展的一年。对于企业来说，创新是重中之重，而知识产权工作是企业创新发展的助推器。企业通过创新保护、风险控制和商业价值实现来获取市场竞争优势和可持续发展。笔者将从知识产权价值实现角度阐述企业知识产权工作的重点，以期给企业经营者和知识产权工作者带来参考。

一、知识产权的概念

一般说来，财产有三类：动产、不动产和知识财产。知识财产即知识产权。

知识产权通常分为两部分，即工业产权和著作权，具体包括发明专利、实用新型专利、外观设计专利、商标、作品、地理标志以及商业秘密等。

2021年1月1日实施的《民法典》中第123条规定："民事主体依法享有知识产权。知识产权是权利人依法就下列客体享有的专有的权利：（一）作品；（二）发明、实用新型、外观设计；（三）商标；（四）地理

标志；（五）商业秘密；（六）集成电路布图设计；（七）植物新品种；（八）法律规定的其他客体。"

二、知识产权的价值

通俗地说，知识产权的价值体现为市场价值、创新价值、法律价值和社会价值。

（一）市场价值

知识产权可以成为企业品牌和产品的核心价值，提高企业在市场上的竞争力，增加市场占有率和收益。

（二）创新价值

知识产权的创新价值指的是新技术、新产品、新工艺、新方法等的研发，可以提高企业的技术含量和创新能力。

（三）法律价值

知识产权的法律价值指的是其受法律保护的权利，如专利、商标、著作权等，可以授权或限制他人使用、制造、销售、复制等行为，从而获取一定的收益或防止他人侵犯权利。

（四）社会价值

知识产权还具有社会价值，例如公共健康领域的医药专利、环境保护领域的技术专利等，可以促进全社会的发展和利益。

总之，知识产权的价值多种多样，不仅可以带来直接的经济效益，而且可以促进创新和发展，保障知识产权拥有者的合法权益。

从企业价值方面来讲，主要体现为创新保护和商业竞争。创新保护即避免自己的创新成果被别人窃取；商业竞争即维护和扩大市场份额，防御和打击竞争对手。保护只是企业知识产权的基本价值，使企业在创新保护、品牌保护和风险管控等方面避免损失。竞争才是企业知识产权的核心价值，企业通过以知识产权为核心的手法，实现打击对手、品牌跨越、消除障碍和差异化战略，全方位提升企业的商业竞争能力。

三、企业知识产权工作的现状

高质量发展已经成为主旋律，但是对于多数企业来说，知识产权工作依然套路陈旧，为"知识产权"而"知识产权"。

（一）唯专利论、唯发明论

由于知识产权制度在国内发展仅仅几十年，许多企业把知识产权等同于专利，高挂在案头，束之高阁。如果把专利当成知识产权的核心并没有问题，但如果在企业经营中把知识产权局限在专利范畴，那就变成唯专利论、唯发明论。在企业知识产权工作中，专利、商标、商业秘密、著作权有其不同的属性和特点，需要选择不同的知识产权保护形式。例如，专利和技术秘密作为两种重要的知识产权保护手段，各自有其保护侧重点，企业应该充分考虑自身的需求和目的，结合两者之间的特征和效力来制定保护策略。如果把技术秘密用专利来保护，公开换专有，必然导致技术秘密不当泄露。假如采取技术秘密保护技术，当技术泄露或者被竞争对手突破技术后申请了专利，原有的技术秘密权利人反而可能成为侵犯他人专利权的被告，这种情况明显就得不偿失了。

（二）缺少知识产权整体布局意识，缺乏立体化、全方位的创新保护体系

知识产权是一门综合学科，除了专利、商标、商业秘密、著作权等知识外，还需要有商业思维和企业管理相关知识。

一些企业的产品通过仿制国内外创新企业的产品来营利，并且仿制产品大多技术含量低、附加值低。一些企业高层看重短期利润，而知识产权管理的实施需要前期的较大投入，知识产权管理所产生的效益却在短期内很难体现，导致企业高层对知识产权管理缺乏信心，只重视企业研发部门和技术部门，而忽视对企业的知识产权管理。企业追逐利润和市场是无可厚非的，但缺少知识产权布局意识，会让企业发展遭受重大损失。

另外，一些企业往往采用单一知识产权手段保护创新技术或产品，殊不知在高质量发展的今天，已经不是知识产权单一手段的时代，而是以知识产权为核心，涵盖商业秘密、法务合规的综合运用时代。

（三）停留在传统思维，未认识本质

很多企业认为知识产权是花瓶，仅仅是为了保护。其实知识产权是商业竞争的利刃，是商业竞争中非常重要的工具，是企业实现自身商业竞争目的的主要武器。企业不应单纯以保护的思维来看待知识产权的价值，而应以竞争思维重新考虑以法律为基础的诸多知识产权工具，如专利、商标、著作权、商业秘密等。企业如果在未来经营过程中消极对待知识产权，无视知识产权的存在，一定是处处荆棘，步步惊心。

四、企业知识产权工作价值的实现

企业以知识产权布局思维建立高价值的知识产权资产组合，应摒弃唯专利论、唯发明论思维，构建专利、商业秘密、著作权等不同类型、多种手段复合叠加的立体化创新成果保护体系。

以合规治理思维建立有成效的风险管控体系，包括竞争对手调查、侵权监控和预警、被侵权监控和处理、海外参展、劳动用工和企业治理等。

企业应从经营角度组合知识产权竞争工具，以强化企业品牌、提升企业形象、打击竞争对手、高效利用各类政府项目申报等提升企业影响力或

获得资金支持。

（一）多手段知识产权布局

以软件企业为例，软件企业对其知识产权的保护并不是非要申请发明专利，因为软件专利授权、侵权判定难度都比较大，不利于专利权人维权。一方面，软件企业要做好源代码的留存和保护，形成技术秘密，同时和核心研发人员做好劳动合同的保密条款，和离职人员做好离职知识产权事项提醒，结合实际情况签订竞业限制协议，避免技术秘密泄露。另一方面，软件企业要做好图形用户界面外观设计的专利保护，避免软件售出后被竞争对手抄袭。

（二）避免唯发明论

对生命周期短的产品来说，实用新型专利比发明专利更合适。以自拍杆为例，自拍杆申请实用新型专利授权更快。

（三）专利侵权预警

企业可以通过定期监控竞争对手公开和授权专利、相关技术的公开和授权专利，预警并管理专利侵权风险。

（四）专利分析布局，提升企业技术竞争力

企业一方面通过专利分析了解技术现状，帮助研发人员了解技术发展态势和技术路径；另一方面通过专利布局对企业创新成果实现严密保护，最终将技术竞争力转化为产品竞争力。

（五）商标打造为品牌，助力市场营销

企业品牌与产品可以相互促进，提升产品和服务的销售额。

企业通过知识产权助力市场营销的方式包括：①将商标纳入知名品牌

或重点商标保护名录；②获得专利奖，成为知识产权优势企业或示范企业、提升发明专利数量、提高发明专利占比等。

五、提高企业知识产权工作质量

（一）盘点知识产权资产

企业可以按照知识产权的类型进行分类，按顺序盘点资产。商标是绝大多数企业拥有的知识产权，无论是企业名称还是产品名称，都可以用商标的形式进行保护。商标的盘点较为简单，企业可以统计其申请了多少商标，商标到期的情况，并按期缴纳相关费用。需要注意的是，商标申请越早越好。在成立企业时可以检索商标名称是否能申请注册，在产品上线之前应提前布局商标，否则产品上线后可能会遇到其他企业恶意抢先注册的情况。专利申请同样也要关注数量、到期时间和缴费情况，与商标相比，专利更难申请。与商标、专利申请方式不同的是著作权。著作权实行自愿登记制，即使不申请著作权登记，只要构成《著作权法》意义上的作品就受到法律保护。对于著作权，企业可以关注著作权登记或确权的数量，及时登记或确权，并注重作品相关的材料保管。如果知识产权有相应的授权，也可以针对授权的知识产权再进行授权情况的盘点，例如到期时间、授权的费用、授权的使用范围。授权通常也是知识产权变现为企业获得额外收益的主要方式。

（二）对内建立保护机制，加强意识培训

知识产权是企业核心竞争力的体现，无论是知识产权的查阅还是使用，都可以建立相应的权限管理和使用审批。企业一方面可以从查阅、编辑、使用等源头管控好知识产权，另一方面可以由专人管理运营企业知识产权。公司还可以针对员工开展知识产权的相关培训，进一步提升员工正确管理和使用知识产权的意识。

（三）对外合作签订合同，留存证据

无论是对外授权，还是委托他人创作作品，企业都可以用合同的形式明确双方的责任。如果违反了合同约定，对方需要承担相应的责任。另外，合同可以作为证据存档，后续有争议时可以再调取使用。授权场景有可能遇到超范围使用的情况，委托他人创作作品有可能遇到委托作品抄袭侵权的情况。这两类情况并不少见，在合作时应该予以考虑。

（四）运用法律手段保护合理权益

当遇到争议比较大的知识产权侵权或协商沟通无法达成一致意见时，企业可以考虑通过诉讼的手段来主张权益。知识产权纠纷有大有小，要根据相应的情况评估后再采取相应行动。通常，较大的企业会设立法务部，法务部有能力的情况下可以自行处理。如果是小企业或者标的较大的案件可以借助于外部的律师事务所来保护权益。

从更深层方面来说，企业的知识产权管理工作要系统性梳理企业现存的知识产权风险，例如：①竞争激烈或专利诉讼频发行业，如果企业专利数量与竞争对手的专利数量极其不平等，一旦遭受竞争对手的侵权诉讼，产品将面临较大的禁售风险；②企业主要市场包括海外的，但海外市场未申请专利保护；③核心产品卖点和核心技术点并未实现专利保护，核心产品卖点和核心技术点存在被竞争对手反向工程的风险；④未建立知识产权风险管控体系，缺少对竞争对手公开或授权专利的监控、未实现专利侵权风险预警；⑤未建立商标动态监控和优化体系，核心商标被他人抢注；⑥商标使用不规范导致被竞争对手举报，网店产品下架和受到市场监督管理局处罚；⑦广告宣传不规范，违反《广告法》；⑧商业秘密泄露；⑨采购环节引入的知识产权风险；⑩人才引进环节引入的知识产权风险（属于原企业的职务发明创造）。

结合企业的行业特点、竞争环境，以保护企业创新成果、赋能企业商业竞争为目标，制订企业知识产权工作规划，并在年度工作中逐步落实。

六、结　语

让我们回到最初的问题：企业如何高质量进行知识产权工作，并依靠技术创新获取市场竞争优势？

答案其实很简单：通过知识产权多手段组合运用，规避知识产权风险，保护企业创新成果，助力营销，赋能企业商业竞争。

科技创新型企业如何实现知识产权商业价值

黄 巍

面对日趋复杂且不确定的国内外环境，我国经济恢复仍存在较大的困难与挑战。作为我国未来经济发展的第一动力，科技创新是至关重要的命题。2022年12月，中央经济工作会议对2023年的经济工作进行了部署，从货币政策、产业政策、科技政策多个维度对科技创新型企业予以支持，并再次强调要坚持系统观念、守正创新。同时特别指出，坚持推动经济发展、创新发展在法治轨道上运行，依法保护知识产权，恪守契约精神，营造市场化、法治化、国际化一流营商环境。

知识产权制度体系设立的初衷就是促进创新，它一方面作为创新系统的内在驱动力起到鼓励创新的作用，另一方面作为创新成果的利益协调单元为科技创新成果的市场化、产业化提供保障。同时，具有完备的知识产权保护制度也是我国创新型企业在国际经贸活动中获得成功的必由之路。

我国企业存在知识产权管理水平参差不齐的问题，一些中大型企业有着较为完备的知识产权管理体系以及管理团队，能够为企业战略实现提供有效支撑。而一些中小企业由于成立时间短、发展速度快、管理不成熟、团队不健全等问题，导致其知识产权管理体系缺失，无法有效支撑企业的持续发展，甚至在面对复杂的国际化市场环境、司法环境时，更是无从应对。

笔者从知识产权管理误区、知识产权商业价值实现路径两个方面进行分析，以期能够帮助科技创新型企业厘清知识产权对于企业发展的真正意义和价值。

一、关于知识产权管理的常见误区

笔者在近些年与一些企业家或知识产权职业经理人接触的过程中发现，我国的一些中小企业在处理知识产权工作时，存在认知不清晰或不全面的情况，集中体现在以下三个方面。

（一）价值认知"两极化"

由于知识产权属于专业学科，各行各业的企业家很少是知识产权专业出身，导致其对知识产权认知有局限性。一部分企业家认为，知识产权的价值往往只体现在一些宣传或项目申报上；另一部分企业家认为，知识产权可以帮助企业在市场竞争中走向"垄断"地位。其实这两种观点都失之偏颇，企业家应该理性看待知识产权的价值，对知识产权工作进行更为精细化的思考，确定明确、详尽且可实施的企业知识产权战略。比较让人欣喜的是，笔者接触的一些企业家也越来越多地意识到知识产权精细化管理的必要性，开始接受并进行企业知识产权管理的咨询服务。

坦率地讲，知识产权于不同行业的确存在价值度不同的事实，不只是受到行业影响，即便是同一行业，企业不同发展阶段、不同产业链位置都会导致价值度存在差异。根据企业的实际经营情况，准确地定义知识产权在不同行业、不同发展阶段、不同产业链位置的价值，是开展知识产权工作的核心基础。

（二）"武器"单一

常听到知识产权是用来保护企业发展的重要和有力"武器"，但是深究下来，往往忽略两个问题。所谓的"武器"究竟是哪些载体？这些"武器"的使用方法又是什么？第一，需要明确知识产权这个"武器"不仅具备防御功能，而且具备攻击属性，因此在资产积累阶段，不要忽略攻击性资产的积累，否则在整个资产包的使用过程中就会出现比较被动的情况。第二，知识产权包括专利、商标、著作权、商业秘密、集成电路布图等诸多载体，但是在实际工作中，企业往往只关注专利，而忽略其他载体，或者忽略了各载体之间的关联程度，割裂各种载体组合使用带来的整体价值，导致企业在发展过程中存在各种知识产权管理风险。

（三）"服务"单一

由于"武器"单一问题的存在，大部分经营者只关注专利的问题，因此在很多中小企业的经营管理中，知识产权部门往往被定义为服务研发组织的部门，这也是为什么很多企业会将知识产权部门作为研发体系下的二级部门的原因。组织架构的固化使得知识产权部门无法对采购部、质量控制部、市场部、品牌部、公关部、人事部、行政部、财务部、仓储部等工作进行赋能，从而形成了只服务研发的现象，无法发挥其最大的价值。

知识产权部门应针对企业不同板块的需求，在深入了解企业运行机制的基础上，结合企业经营和商业战略，综合运用知识产权手段，对企业"研、产、销、人、财、物"等工作进行指导，综合提升企业市场竞争力和商业价值。

二、知识产权商业价值的实现路径

（一）战略制定

1. 制定战略的意义和价值

第一，制定战略是一种企业对未来更长远的考量，是一种计划，它决定着企业未来知识产权工作的重点内容及目标，是具体落地举措的方向性指引。没有明确的目标，企业很多工作就无法做到以终为始。

第二，知识产权工作具有业务细节多、时间跨度大、涉及人员广、决策级别高等特点，这使得知识产权工作需要长周期的指导方针，并且需要多方协同的作业机制。

综合以上两个方面的考量，在具有一定规模的企业中制定知识产权战略是非常有必要的，也是企业必须做的工作。

2. 战略目标制定的依据

第一，知识产权所谓的防御功能并不是简单地保护某个产品或技术不被抄袭，而是保护企业的收入流，更进一步是帮助企业建立收入流。

第二，知识产权的本质价值在于限制竞争而非垄断，知识产权在某种程度上限制了完全的自由竞争，知识产权是提升企业市场竞争力的重要手段，而非垄断手段。

基于此，战略制定的关键在于，如何利用知识产权的有限保护，通过限制竞争的方式最大限度地实现企业商业目标。

（二）考量因素

战略制定要充分考虑企业内部环境，同时也要考虑外部环境。很多企业在知识产权管理中，存在对外部环境考虑不全面、不准确的问题，导致战略制定存在偏差。

企业内部环境包括研发规划、产品规划、供应链情况、销售规划、人员配置、物流仓储情况、财务状况、生产情况等。企业外部环境包括技术环境、竞争环境、市场环境、政策环境、经济环境等。在明确这些需要考量的信息后，再对所有的信息进行整合打通，从而确定更精准的知识产权战略。

（三）战略举措

企业知识产权管理的内涵非常复杂，涉及企业中的方方面面，笔者主要挑选了三个常见的问题进行研究。

1. 数量确定

在实践中，大部分企业的知识产权工作需要制订资产储备数量，但在面对数字确定的问题时，往往会缺乏一些依据。有的企业会从数量递增的角度进行确定，有的企业会根据某一年度的研发项目确定，也有的企业会根据研发人员数量按照一定比例进行确定。这些都只考虑企业内部实施的可行性问题，并非从商业视角和市场竞争层面进行考量。

建议企业可以拓展考量的维度，例如使用竞争对手数据作为引导，或者通过与自己企业体量相似的企业、行业头部企业资产积累的过程来思考如何提升竞争优势，再以此为目标进行可行性的分析和细化。

2. 知识产权"组合"

知识产权的核心价值是保护企业的收入流，更进一步是帮助企业建立收入流。结合知识产权工作的实际情况，对企业收入流的保护或建立，都是基于企业长期的"投资"，而知识产权工作扎实与否就决定了投资获得合理收益的概率。因此，从长远来看，知识产权管理解决的是概率问题。

在资产构建过程中，需要充分考虑专利、商标、著作权、商业秘密、集成电路布图等诸多载体，利用不同载体的特点，制定更好的资产构建方案。考虑经营链条、市场区域、营收或利润构成、竞争态势等多个方面，确定技术或品牌布局方向、地域布局区域等。

在知识产权运用上，并非只有通过司法诉讼才能获得收益。还可以考虑海关、行政查处、电商投诉、媒体宣传、供应商控制等诸多方式获得收益。

也就是说，在不同维度进行不同手段的组合，可以帮助企业构建一个更为立体的知识产权"弹药"库。同时，结合多维度目标管理和运用手段，从而提高获得合理收益甚至增值效益的概率。

3. 效益分析

知识产权的价值实现需要基于企业长期的"投资"，但任何"投资"都需要结合企业的实际情况设定投资上限，而知识产权能为企业带来的价值高低则直接决定了"投资"上限的设定。因此，知识产权效益分析对于经营者而言是非常重要的参考依据。

做企业整体的知识产权效益分析需要考虑的因素比较复杂，例如产品的销量预测、新的改进是否有机会提高产品的单价、产品所产生的预期利润、利润的增速、利润增长或保持的时长、专利保持有效的生命周期、开发成本、销售成本、运营成本、诉讼成功率,以及企业现金流情况等。因此,这是一项需要企业各部门予以配合才能完成的工作。而在确定"投资"上限后,企业还要审慎地去考虑如何对这笔资金进行分配,以及最迫切做的事情是什么。企业一般会在三个方向上进行资金分配,一是资产获取,二是资产使用,三是纠纷诉讼。

三、结　语

"不谋万世者,不足谋一时;不谋全局者,不足谋一域。"知识产权战略制定应以终为始,以保障商业成功为目的,从保护或增加企业收入流出发来进行定义。而在战略举措落地的过程中应当用立体化的管理空间,数字化的呈现方式来开展具体工作。做这样的改变需要企业管理者富有前瞻性的洞察力,一些敢于打破现状的勇气,以及整合企业各部门目标的统御力。企业时常感叹于自有知识产权明珠蒙尘,价值难显,但没有想过它们本就不应该装入匣中,束于高阁,而应赋予其生命,参与商业竞争。

企业知识产权服务供应商管理浅谈

王淑怡

随着知识经济的兴起,知识产权作为智力成果,是企业发展的核心竞争力。企业是自主创新的主体,更是知识产权创造、管理、运用和保护的主体,拥有核心知识产权,就能够在市场竞争中得到优势,占据有利地位。技术创新型企业想要在知识产权上保持竞争优势,其在知识产权服务供应商选择与管理方面就一定要非常重视。与知识产权服务供应商的紧密合作是知识产权工作成功的重要因素,企业不仅希望供应商是优秀的,而且希望供应商能融入企业的业务过程,与企业成为一个整体。笔者主要针对医疗器械企业的知识产权服务供应商管理作出阐述。

知识产权服务供应商管理是指对企业的知识产权服务供应商进行管理,以确保企业的知识产权得到保护和发展。在全球化和信息化的背景下,企业越来越依赖知识产权的价值和竞争力,其对知识产权服务供应商的管理也就越来越重要。

企业知识产权服务供应商管理应遵循互惠共赢、公平公正、质量优先、效率并重的原则,从制度、机制等方面进行管理。

首先,应建立顶层制度文件,例如医疗器械企业知识产权服务供应商管理制度、专利新申请、审查意见答复等规范文件。企业供应商管理制度文件应包括总体目标、适用范围、供应商管理与考核、知识产权代理人(包括专利代理师、商标代理人和著作权代理人)管理与考核、流程工程师管理与考核等方面。通过供应商管理体系的建立、实施和持续改进，规范企业的知识产权服务供应商管理工作。专利新申请、审查意见答复规范文件同时包括企业审核要求文件和供应商内部审核规范，例如企业应明确案件质量分数规则，供应商则应按照企业要求制定详细的审核规范文件，通过规范文件的建立，保障供应商评估、考核的公开性、公平性。

其次，在顶层制度的牵引下，企业通过内部分级审核、外部质量审计的机制来完成管理改进和提升，可以按照"正向建、逆向查"的策略。"正向建"是指通过供应商座谈会给供应商提要求，建立供应商关于新申请或审查答复的审核规范方法，再通过优化沟通方式，提供培训机会来增强与供应商之间的联系，及时了解供应商合作过程中的问题，并给出相应的解决方案和资源。"逆向查"应从两个方面着手，第一，在和供应商合作中做好过程审核工作，包括正式撰写前的检索质量检查，撰写过程中（含新申请和审查意见答复）的质量管控。此外，还应强调供应商内部加强对于案件质量的管理体系建设。第二，在案件递交后，应及时进行复盘、改进，例如可以进行季度质量抽查，供应商应对发现的问题进行整改。

再次，知识产权服务供应商的管理需要对供应商进行选择和评估。评估主要包括供应商的专业能力、信誉度、合规性等方面，以确保企业合法、合规地获取知识产权。在选择供应商时，需要根据企业的实际需求和战略定位，选定具有相应能力和信誉度的供应商，并与供应商建立长期的合作关系。

由于知识产权服务供应商为服务类供应商，相当于企业内部知识产权管理团队的外部拓展团队，因此可以选择人力资源领域经典的"选、用、考、育、留"的评估模型。

"选"是指选取优质供应商资源，可以从行业内口碑推荐和试写两条途径考虑。在口碑推荐时，可以参考供应商服务过哪些优质、大型、管理成熟的企业，以及供应商的代理人是否获得相关企业的级别认证。试写时，应考虑试写样本量和分布，尽量涉及不同的事业部，并且试写质量由事业部负责人考评。

"用"是指供应商配置,将合适的供应商安排在合适的业务线,达到供应商与业务线匹配,以发挥供应商的最大价值。这是一个持续的过程,供应商配置之前需要做好分析工作,即对知识产权服务供应商和知识产权代理人进行画像,根据具体画像来分配不同业务线或技术领域。例如,进行供应商画像可从成立时间、执业代理人数、擅长领域、年申请量、案件质量、能提供的附加服务等维度做参考;进行代理人画像时,可从专业、从业年限、毕业院校、服务过的客户、擅长技术领域、主要服务的业务线等维度做参考。供应商画像完成后,如何配置即如何使用,可根据供应商历年的委案数据,区分服务不同业务线的主选供应商和备选供应商;同一业务线内按照不同技术领域建立代理人池;新的案件委派时优先配置主选供应商。根据技术领域在代理人池中匹配最适合的代理人,能够保障案件质量及完成效率达到企业的要求。

"考"以经典的供应商考核模型——五项基础指标(TQRDC)标准梳理考核指标,建立考评机制。具体地,采用 TQRDC 标准考核的目的是为双方建立互利共赢的长期合作提供框架。TQRDC 标准提供了统一的评价项目和评价方法以评估供应商伙伴的业绩。其中"T"是 technology 的缩写,即"技术",按照医疗器械企业技术领域分类体系,识别不同供应商的优势领域,可在委案时参考技术领域得分排名,优先分配排名前三位的供应商。对于只有 1~2 家供应商进入竞争的技术领域,补充新进供应商资源。"Q"是 quality 的缩写,即"质量"。"R"是 responsiveness 的缩写,即"响应"。"D"是 delivery 的缩写,即"交付"。在其他行业,产出交付物为实体物品。而在知识产权行业,其产出的专利、商标或著作权无法直接通过外表查看,进而得出质量好坏的评判。知识产权产出成果需要专业人员结合产品创新程度、保护效果、商业价值等多维度进行专业判断打分。因此,医疗器械企业在制定知识产权质量管理制度时,制度中应约定具体的质量考核标准和期限等考核指标。例如,对供应商代理案件量和案件质量进行考核打分,考核达标的供应商,继续合作;考核未达标供应商,退出合作库;同时考虑弹性考核,即给供应商重新进入合作库的机会。"C"是 cost 的缩写,即"成本",国内知识产权行业成本费用比较明晰,企业不应简单地依据竞争性的报价来选择供应商伙伴，而是根据长期合作、互利共赢的原则作出正确的选择，双方紧密合作，共同提高知识产权成果质量、提高效率；国际知识产权服务供应商按小时收费的机制不同于国内，对此，建议通过对常规事务费用打包来降低成本。

"育"指的是定期对供应商进行培训、交流。医疗器械行业涉及医药、机械、电子、材料、生物、医学等多个领域，是一个多学科交叉、知识密集的高技术产业。为了满足企业不断发展的需要，为了提高供应商对医疗器械行业产品的熟悉度，储备医疗器械产品原理知识，在综合考核供应商的基础上，需要对供应商进行一系列有计划、有组织的学习与培训活动。例如，针对供应商开展产品知识培训，包括原理介绍或实际产品参观等；开展案例分享培训，包括新申请撰写维度质量培训或诉讼案例培训等；定期开展供应商交流活动，及时了解合作过程中的问题及供应商需求，针对问题给出切实可行的解决方案。

"留"指的是对于考核达标的优质供应商，增加案件委派量、评选优秀代理人维度来留住供应商继续服务。"留"的另一层面反映了供应商和企业的合作关系。企业与供应商之间的合作关系应该是长期、稳定和互利的，建立在诚信、信任和尊重的基础上。企业应该尊重供应商的专业能力和知识产权，确保双方的利益得到保障。对于任何一家企业来说，建立积极、正向、良好的合作关系也可以吸引且留住优秀供应商，增加供应商对企业的忠诚度，面对利益冲突时，能及时反馈并确认。总之，业务量的增加、积极的合作关系是企业吸引供应商和留住优秀供应商的有效手段。

最后，知识产权服务供应商管理需要建立有效的合同和协议制度。合同和协议是企业与供应商之间的法律文件，需要明确双方的权利和义务，约定保密条款、责任承担等内容，确保知识产权的合法性和保护。需要建立有效的保护措施。保护措施主要包括保密制度、技术防范、监管机制等方面，以确保企业的知识产权不受侵犯和泄露。在保密制度方面，需要制定具体的保密政策和程序，并严格执行，以保障企业的知识产权安全。在技术防范方面，需要利用信息技术和物理手段对知识产权进行加密和防护，以防止外部攻击和窃取。在监管机制方面，需要建立完善的监管机制，对供应商的行为进行监督和评估，确保其遵守合同和协议。

知识产权服务供应商管理是企业保护知识产权和提高竞争力的重要手段，需要建立有效的评估和选择机制、合同和协议制度、保护措施和合作关系，以保障企业的知识产权核心竞争力，提升企业的专利申请质量。

企业知识产权保护与管理策略

曾有兰

在日益开放的市场环境中,企业发展可能面临许多挑战,而知识产权是衡量企业价值的重要因素,直接反映了企业的核心竞争力。因此,知识产权的保护和管理也会面临诸多挑战和问题。为了促进企业自身的可持续发展,加强对企业知识产权的重视、保护和管理成为提升企业核心竞争力的关键,将知识产权转换为企业的经济和竞争优势,才能进一步促进企业业务长期持续发展。

一、企业知识产权保护及其必要性

(一)知识产权保护是攻占市场的良方

随着社会的发展,全球经济、科技竞争变得越来越复杂。知识产权是国家和地区之间竞争的主要战略资本,是科技改革的重要标志,是可持续经济增长的关键竞争优势,更是成功发展独特经济的关键。因此,企业必须及时地关注知识产权的积累和管理,这样才能在必要的时候对违反竞争规则的主体进行有效打击。

（二）知识产权保护是科技型中小企业推动技术创新工作的重要力量

以专利为例，专利保护制度能为发明人提供专有权利，而企业通过发明和创造能促进自身的发展。自1984年我国建立专利保护制度以来，专利制度已被确认为是促进现代技术和文化发展，并为人类文明与发展作出贡献的高效机制。

二、企业知识产权保护与管理策略

（一）做好知识产权的价值评估

对于重视知识产权的企业而言，保护和管理很大程度上取决于知识产权自身存在的价值。因此，要想更好地保护和管理知识产权，企业必须做好对知识产权的价值评估。但是企业的知识产权更多的是动态表现，因为它主要存在于员工的脑海中，且随着时间的流逝随时调整和不断加深。针对这种现象，企业应提出一系列有效的知识产权价值评估方法，并学习更多科学、全面的知识产权价值评估方法和手段，加强对知识产权价值评估方法的学习和研究。

（二）强化知识产权交易中介机构的力量

在知识产权交易期间，交易双方在知识产权信息方面存在信息不对等现象。例如，高度复杂的市场竞争存在各种不确定性，导致企业出现一定程度的知识产权保护和管理问题。而知识产权交易中介机构的出现，可以向企业提供相对等的知识产权信息。同时，中介机构可以刺激各种研究机构和企业采用更明智的方法，积极地遵守平等互惠原则，实现对知识产权权利和利益的分配，知识产权收益和价值倒挂现象。

强化知识产权交易机构的力量。一方面，需要增加知识产权交易机构的数量来满足企业对知识产权交易的需求。同时，加强知识产权交易机构的种类，使企业可以根据实际情况选择合适的中介机构，加快双方之间的交易，促进企业的成长。另一方面，要加强中介机构的控制、治理和评估，使其朝着更加专业和国际化的方向发展，并提高其对知识产权保护的认识，提高其工作人员的专业能力和管理水平，进一步加强安全管理。

（三）严格执法

知识产权经常受到侵犯的一个因素是监管不严格。因此，执法人员必须严格执法。例如在海关口加紧调查，严格管理进出口，以防止海外走私损害知识产权。一方面，相应部门应创建知识产权保护机构，让专业人员从事与知识产权保护相关的工作，以做到真正的严格执法；另一方面，工商管理部门必须积极调查假冒伪劣产品并严格查处，在接到公众举报时立刻进行调查。

（四）强化企业自身对知识产权的保护与管理意识

知识产权是企业业务发展的主要动力之一，因此，企业需要提高对知识产权保护的认识和管理。为了进一步加强对知识产权的保护和管理，应将知识产权在内的无形资产纳入与有形资产同等高度的管理和考核中来。同时，企业要做好知识产权的管理，就必须充分尊重和保护他人的知识产权，并营造一个安全和谐的知识产权保护和管理环境。在做好知识产权保护的基础上，企业必须充分发挥知识产权作用，特别是在自由市场环境中，不能因知识产权保护问题给贸易带来阻碍。企业应将无形资产转化为有形资产，将无形资产转换为经济效益。通过资产转让，知识产权合作可以实现最大化效益，而持续优化的营商环境也能为知识产权保护提供坚实的基础。

三、结　语

企业知识产权是系统性的项目,除了涉及许多知识丰富的主题,还包括企业的产品计划、核心战略和企业内外的协调资源。因此,企业要充分认识知识产权的重要性,并通过内部和外部协作来促进企业的长远发展。

科创板进程中的知识产权管理

黄 巍

一、科创板的诞生背景及定位

（一）科技创新成为中国经济发展的新引擎

科创板是科技创新板的简称。在《中华人民共和国政府和美利坚合众国政府经济贸易协议》签署以及渐行渐近的技术周期的宏观背景下，科技创新成为我国发展的重要战略支撑，这是我国实体经济发展的迫切要求，也是实现供给侧结构性改革的必由之路。

从美国资本市场的历史来看，科技产业崛起和资本市场的强大推力休戚相关。但我国在资本市场发展方面与海外成熟市场存在差距，例如存在对创新型企业包容性不足、发行和交易过程中非市场化干预较多的问题。很多科技创新型企业发展到一定阶段非常需要资本的助力，但是由于各种原因导致其既不符合商业银行的借贷标准，也不符合常规的上市融资要求。为了补充我国成长型科技创新企业融资的短板，增强金融服务实体经济的能力，吸引更多的科技创新型企业在国内上市，科创板应运而生。

可以说，科创板的开设为这些有潜力的新经济企业提供了融资平台，切实体现了金融服务实体经济的要求,从而成为推动我国经济转型升级的加速器,助力我国经济转型深化。

(二)科创板加强硬核科技考察

《科创板首次公开发行股票注册管理办法(试行)》第 3 条强调了科创板的定位,其规定:"发行人申请首次公开发行股票并在科创板上市,应当符合科创板定位,面向世界科技前沿、面向经济主战场、面向国家重大需求。优先支持符合国家战略,拥有关键核心技术,科技创新能力突出,主要依靠核心技术开展生产经营,具有稳定的商业模式,市场认可度高,社会形象良好,具有较强成长性的企业。"总结起来,科创板上市企业定位包括三个层面:符合国家战略、拥有关键核心技术、市场认可度高。

1. 符合国家战略

符合国家战略是指企业科技创新应满足"面向世界科技前沿、面向经济主战场、面向国家重大需求"的要求。企业属于战略性新兴企业或高新技术企业,其中战略性新兴产业定位了科创板重点支持新一代信息技术、高端装备、新材料、新能源、节能环保、生物医药等高新技术产业和战略性新兴产业,以及推动互联网、大数据、云计算、人工智能和制造业深度融合的企业。

2. 拥有关键核心技术

拥有关键核心技术是指上市企业要拥有关键核心技术。所谓关键核心技术既能够支持企业长期发展,具备一定的技术壁垒以及可持续盈利能力,也要起到发展和培育新兴产业、促进产业转型升级的作用。

3. 市场认可度高

市场认可度高是指上市企业应"具有稳定的商业模式,市场认可度高,社会形象良好,具有较强成长性"。稳定的商业模式简单而言就是这个企业如何实现盈利,是否具备可持续的盈利能力。企业成长性,则需要评估现有市场态势、当前以及未来的应用场景、技术创新能力、技术路线是否符合未来发展趋势。

此外，值得关注的是，从 2019 年 6 月科创板开板至今，一大批优秀的科技创新型企业在资本市场获得成长的跨越，也出现了一些单日成交额过低的企业。在此背景下，2023 年 4 月，中国证券监督管理委员会修订发布《科创属性评价指引（试行）》，加强科创板的"硬科技"属性，同时审核实操也发生了变化。

第一，新增科创属性评价指标。

研发人员超过 10% 的指标，形成"4＋5"的科创属性评价指标。

4 个常规指标包括：①近 3 年研发投入占营业收入比例 5% 以上，或近 3 年研发投入金额累计在 6000 万元以上；②形成主营业务收入的发明专利 5 项以上；③近 3 年营业收入复合增长率达到 20%，或近 1 年营业收入金额达到 3 亿元；④研发人员占当年员工总数的比例不低于 10%。

5 个例外指标包括：①发行人拥有的核心技术经国家主管部门认定具有国际领先、引领作用或者对于国家战略具有重大意义；②发行人作为主要参与人员或者发行人的核心技术人员作为主要参与人员，获得国家科技进步奖、国家自然科学奖、国家技术发明奖，并将相关技术运用于企业主营业务；③发行人独立或者牵头承担与主营业务和核心技术相关的国家重大科技专项项目；④发行人依靠核心技术形成的主要产品（服务），属于国家鼓励、支持和推动的关键设备、关键产品、关键零部件、关键材料等，并实现了进口替代；⑤形成核心技术和主营业务收入的发明专利（含国防专利）合计 50 项以上。

第二，建立负面清单制度。

建立清晰可操作的负面清单，严格限定科创板的行业领域，按照支持类、限制类、禁止类进行分类处理。

第三，突出定性和定量综合研判。

严防研发投入注水、突击购买专利，夸大科技技术标准、科创技术水准，以及行业分类不准确的等情形，强化监督检查。

第四，完善专家库制度。

完善委员构成和工作机制，增加科技管理、产业规划、科学研究等相关领域的委员数量，完善征求意见制度，形成监管合力。

（三）知识产权是科技创新型企业 IPO 核心要素

从政策变化可以看出，科创板对上市企业的科创属性提出了更高的要求。同时，在审核上，也发生了较大变化。第一，审核更多从监管方面进行考量，弱化了市场逻辑；第二，推行红线管理，强化审核尺度的把握。同时，进一步加强对企业软实力（5 个例外指标）的考量（包括知识产权情况）。可以说知识产权是科技创新型企业首次公开募股（IPO）核心要素。一方面，高质量的知识产权资产积累可以帮助企业安全经营、树立竞争壁垒；另一方面，企业知识产权工作的成果以及落地过程，可以很好地展示企业科技创新之路。通过行业横向以及时间纵向的比对，也可以对科创属性的评价给予较好的支撑。

二、科创板登陆过程中的典型知识产权问题解析

从科创板的设立初衷到近期的调整变化，不难看出，科创属性是非常核心的评价指标，而科创属性的评价通常从四个方面进行考量，分别是研发投入、技术人才、产业情况、自主知识产权数量和质量。针对知识产权的审核除了数量要求，并无其他硬性指标，但是知识产权数量、质量以及管理却对诸多审核关注要点产生重要影响。从大量的案例分析来看，科创板上市关于知识产权的一般性要求主要包括以下六个方面：①知识产权与企业治理；②知识产权与股权结构；③知识产权与科创属性；④知识产权与持续盈利能力；⑤知识产权与企业风险；⑥知识产权与财务。

（一）知识产权与企业治理

知识产权在企业治理中主要体现在知识产权管理体系合规，其中，受关注较多的是拟上市企业是否有具体的技术保护措施。保护措施一般指相应的软硬件建设，其会与研发管理制度、项目管理制度问询一同被提及，包括知识产权管理体系、制度以及与制度建设相配套的软硬件建设。

（二）知识产权与股权结构

企业组织结构是由不同的股权结构决定的，而不同的股权结构决定了不同的企业治理结构，好的股权结构可以帮助企业快速发展，实现股东利益最大化。因此，股权结构设计对一家企业的长远发展是非常重要的。

在企业上市前的股权结构调整过程中可能会重新调整集团架构，引入新的投资人、合作伙伴，也会进行员工股权激励。因此，其中可能会涉及出资瑕疵和核心研发人员认定瑕疵问题。

关于出资瑕疵问题，可能涉及无形资产价值评估不合理的问题，例如评估作价比资产实际价值高，会导致虚假出资价值的问题。同时，知识产权作为重要的无形资产，其权属必须清晰。特别是拟上市企业拥有的专利技术和非专利技术是否独立于控股股东、实际控制人及其控制的其他企业。例如山西某生物医药股份有限公司的上市申请，上海证券交易所注意到其受让的3项专利来自实际控制人杨某，而杨某在这些专利申请时任职于山西某大学。上海证券交易所在第一轮审核问询函中问及专利是否属于杨某原单位的职务发明创造。

关于研发人员认定瑕疵的问题，由于科创板上市需要对核心研发人员进行股权激励。《上海证券交易所科创板股票发行上市审核问答》中明确指出：申请在科创板上市的企业应当根据相关人员对企业生产经营发挥的实际作用，确定核心技术人员范围。在首轮问询中，也明确要求披露"核心技术人员在研发、取得企业专利技术、集成电路布图设计专有权、软件著作权、非专利技术等方面的具体作用"。这充分体现了科研贡献也是认定核心技术人员的重要依据之一。因此，应当充分考虑核心研发人员的知识产权产出情况。

（三）知识产权与科创属性

根据《科创板首次公开发行股票注册管理办法（试行）》第3条规定：

"发行人申请首次公开发行股票并在科创板上市，应当符合科创板定位，面向世界科技前沿、面向经济主战场、面向国家重大需求。优先支持符合国家战略，拥有关键核心技术，科技创新能力突出，主要依靠核心技术开展生产经营，具有稳定的商业模式，市场认可度高，社会形象良好，具有较强成长性的企业"。可见，是否拥有关键核心技术以及核心研发人员成为研判企业能否申报科创板的关键因素之一。

1. 知识产权与核心技术

知识产权是评价企业是否具有核心技术、能否有效支撑科技创新能力的关键指标。当然，知识产权的载体可以是专利、计算机软件著作权或是商业秘密。企业的核心技术一般包括知识产权、专有技术、特许经营权和技术合作协议等。在 IPO 问询中拟上市企业常会被问及其是否拥有关键核心技术。

例如，郑州某信息技术股份有限公司，在首轮问询中，就曾被问及报告期内取得发明专利较少的原因，是否存在技术突破瓶颈。

除了数量的评价，也可以通过知识产权的获得途径来说明企业是否存在技术突破瓶颈。在某网络股份有限公司招股书中可以看到，该公司披露已拥有原始取得的软件著作权有多项，拥有和申请了一些大数据及相关发明专利，同时还拥有高新技术产品。不过，其中有部分正在申请的专利，能否获得授权存在不确定性。而已取得的部分发明专利全部是从第三方受让取得的，其互联网和大数据主要核心技术相关的部分发明专利同样是受让取得，并且存在突击申请的情况。上海证券交易所在公告中称，该网络股份有限公司披露其核心技术为自主研发及具有技术先进性和技术优势的依据不充分。2019 年 11 月终止上市审核。可见，在审核过程中，软件著作权以及第三方受让取得的专利并未发挥较大的作用。

企业是否具有技术竞争优势，是科创板的重要考量，大部分企业在上市过程中都需要对知识产权与核心技术的先进性关系进行说明。例如，是否具备一定的技术壁垒，是否存在易被模仿、被替代的问题，是否为行业通用技术，是否存在快速迭代风险，以及主要竞争对手采取的技术路线与其差别和优劣势对比等。因此，通过专利分析对比与主要竞争对手的技术路线对比，说明企业的技术优势，予以数据支撑成为一个选择。同时，也可以通过行业分析说明产业发展趋势，明确定位企业发展的宏观环境。

2. 知识产权与研发人员

根据《科创板首次公开发行股票注册管理办法（试行）》规定的科创板上市规则中对上市企业核心技术人员的关注度明显加强，首次将核心技术人员的稳定性列为发行条件之一。核心技术人员是企业能够获得持续研发能力的基础。

例如，关于所收购的企业中核心技术人员产出的归属问题，相关职务发明是否涉及其他单位的职务发明。山东某骨科材料股份有限公司在其招股书中披露，该骨科材料股份有限公司曾收购某医疗公司，使得企业的关节产品线有效完善。在第二轮审核问询过程中，该骨科材料股份有限公司被重点询问该医疗公司的核心技术来源，是否涉及其他单位的职务发明，以及该医疗公司原有核心技术及相关人员是否均已整合进入该骨科材料股份有限公司等涉及研发人员的相关问题。

此外，对于研发人员的约束机制也是常被关注的问题。例如，是否与核心研发人员签订保密协议，核心研发人员是否与前任职单位签署竞业禁止协议。

核心研发人员的主要成果是否涉及职务发明，是否存在侵害发行人或第三方合法权益的情形等问题。

（四）知识产权与持续盈利能力

企业是否能够在未来实现持续经营是投资者最为关注的问题之一，因此在 IPO 审核中，中国证券监督管理委员会会将持续盈利能力作为关键的考核目标。在考核持续盈利能力时，通常会关注到主营业务的持续性，因此需要注意知识产权与主营业务的匹配程度。

例如，上海某材料股份有限公司在上市过程中被问询专利授权地与其主要收入来源地不匹配的问题。其招股说明书披露其境外销售收入占主营业务收入的比例较高。然而，该公司拥有的所有专利却均为境内专利。在首轮审核问询函中即要求该企业说明发行人及其子企业拥有专利均为境内专利的原因和合理性，发行人海外专利的取得是否存在法律障碍，对发行人境外销售的影响等问题。

（五）知识产权与企业风险

关于企业风险，与知识产权相关的风险主要是知识产权纠纷案件的揭示，企业应做好案件走势的分析和预案。针对潜在风险也需要进行排查，如核心专利是否被驳回，或核心知识产权存在权属瑕疵等问题的说明。

（六）知识产权与财务

在财务工作中，与知识产权相关的问题主要包括研发费用归集，无形资产的获取、摊销计提、使用情况和内部研究开发费用资本化等。

硬件科技企业的专利管理策略

万景春

不同企业的核心竞争力不同，知识产权的管理逻辑也各不相同：对于软件企业或算法企业，多数情况下会以如何形成和保护商业秘密作为知识产权管理的目标；对于快消品行业或餐饮行业，品牌是核心，如何保护商标和字号不被"傍名牌"是关键；对于图书或音视频内容提供商，著作权是需要考虑的首要问题；对于硬件科技企业，尤其是产品面向消费者的企业，对于以手机、耳机为代表的消费电子产品和以冰箱、空调、洗衣机为代表的家电类产品，构建以专利为核心的企业知识产权护城河，是企业商业策略的重要组成部分。笔者主要以在硬件科技企业从事专利管理的若干经验，作以下思考和总结。

一、选择合适的技术或产品进行专利保护

促进技术创新和经济发展是专利制度设计的本意，为了实现这个目的，就需要将专利的实施方法公开为大众所了解，使本领域普通技术人员能够实施，从而获得《专利法》对这一公开技术方案的保护。但是，通过公开技术方案就一定能够换来有效的保护吗？硬件类产品一经上市，网络上各种拆机教程就层出不穷，这类容易看到内部结构并且可以被还原的产

品，适合通过申请专利获得保护。但是有些"秘方"，例如可口可乐最后关键的配方、云南白药关键的中药成分配比，即使产品公开了，这些化学配比想通过反向工程还原难度极大，因此，这类技术更加适合通过商业秘密进行保护。

不仅如此，在专利诉讼过程中，被告的大部分侵权行为的举证责任在专利权人。如果相关技术在诉讼过程中取证难度较大，举证门槛较高，那么这一类技术方案并不适合通过专利进行保护。综上所述，适合申请专利的技术/产品方案需要具备以下三个特征：①符合《专利法》的保护客体；②容易被反向工程；③举证难度小，侵权可视度高。

此外，值得一提的是，在实践过程中，关于专利的创新性标准，研发人员和专利管理者的认知经常存在差异。研发人员对于新颖性和创造性的标准定得很高，觉得只有前无古人、后无来者的发明创造，或者别人都干不了、只有自己能干的技术方案才值得申请专利，所以他们经常把"这么简单的东西也能申请专利"挂在嘴边。但是，如果一项技术即使公开相关技术方案和实施例，由于新颖性和创造性的门槛很高而无法在本领域内得到广泛实施，也不是一个好的专利方案。相反，对于一些微创新和微发明，新颖性和创造性虽然没有特别高，但技术方案能在行业内被广泛应用，并且满足《专利法》中新颖性和创造性的最低要求，笔者认为，这种专利对企业和行业发展创造的价值会更大。因此，如何在日常工作中让研发人员养成这种思考，也是专利管理者必不可少的日常工作之一。

二、找适合的参照企业进行专利预算规划

对于一些大企业，专利预算规划较为成熟，但是对于一些初创企业或小微企业，刚开始做专利预算规划时并没有任何参考。如何做到预算规划有理有据，从而获得企业领导和财务人员的支持，是这些企业知识产权管理者面临的问题。

想要解决这个问题，最重要的是"找最接近的现有技术"，即对标行

业内的上市企业。企业首席执行官（CEO）除了设定企业使命愿景和价值观，也经常会对标一家目标企业。这些目标企业，大部分是行业内的龙头企业，而且绝大部分是上市企业。这些企业的相关财务数据非常具有参考价值：上市过程中的招股说明书和每年的财报数据都是充分披露的，通过这些公开数据可以获得该企业过去数年的销售收入、研发投入和销售净利润，以及政府资助等信息，再加上专利数据库中可以对其每年的专利申请量、申请国家和地区、诉讼及无效案件、聘请的代理所等数据依照年份进行统计，从而估算该企业每年用于专利的费用，再得出专利费用占到企业的研发费用和销售收入的比例。依据这些直接和间接数据，加上企业当前的规模，可以初步制定企业短期的专利规划和预算，并在实际实施过程中小步快跑、快速迭代，打造一套适合自己企业的专利预算体系。

三、进行有效的专利布局

有了专利预算，接下来就是行之有效的专利布局。如果企业预算有限，可以在深度理解行业的基础上，圈定几个特定技术方向进行专利布局，然后不断地迭代，通过市场端的技术产品反馈，扩充布局的方向和品类；如果企业预算充足，刚开始可以先每个方向都予以尝试，然后遵循商业逻辑，在商业竞争中自然选择出几个符合专利保护的技术路径来。

在专利布局过程中，技术和方案都是随着时间动态变化的，想要一次性解决专利质量和可诉专利数量的问题难度很大，但通过 PDCA 循环，即计划、执行、检查和处理，将一件静态的专利申请变成一个动态的专利监控，进而针对特定问题进行权利要求调整，可以有效降低专利布局的难度，从而提高专利"扎飞镖"的准确率。

我国在《专利法》中规定了权利要求修改的六个时机：①PCT 进入国家阶段的申请的修改；②公开进入实质审查的主动修改；③答复审定通知程序、审定通知行为（OA）过程中的权利要求修改；④复审阶段的权利要求修改；⑤母案授权后的分案申请；⑥无效阶段的权利要求修改。

除了无效阶段的权利要求是基于权利要求本身的修改，上述前五个时机在绝大多数情况下，都可以基于说明书记载的内容对权利要求进行再撰写。尤其是母案授权后的分案申请，给了专利申请人重新梳理技术思路和进行专利二次布局的机会。发明经历答复 OA 的过程让大众对专利技术方案的现有技术有了更多的理解，而技术和产品随着时间的推移，对其的理解也比做母案申请时更加深入。对于一些在母案说明书中有记载，但是没有写入权利要求进行保护的技术方案，可以在分案中对权利要求进行再加工。如果此时出现一些竞品上市，其技术方案恰好又落入说明书记载的内容中，那么分案权利要求撰写就是看图说话，能够实现对竞争对手的"精确打击"。

美国专利布局中独特的续案制度则更加宽松：申请人可以根据技术发展的不同阶段持续提交续案申请，一方面，可以利用续案对授权的母案专利的权利要求进行提炼、概括和修改，以构建新的权利要求保护范围，使得申请人可以获得与母案不同的保护范围，形成专利交叉网络；另一方面，可以根据竞争对手的产品构建攻击性专利，为其"量身定做"完全落入保护范围的续案专利，这无疑是对竞争对手的巨大威慑。

在母案说明书内容披露足够充分的前提下，合理利用分案和续案进行权利要求修改，是专利管理策略中最重要的一环。分案或续案最重要的作用是把母案申请过程中的不确定性变成确定性，从而有效降低专利要求撰写难度，提高专利布局的针对性。

四、专利无效诉讼一体化考量

专利无效宣告和专利侵权诉讼虽然程序不同，但是二者紧密相关且互为攻守，需要作为一个有机整体通盘考虑。

作为专利权人，在发起专利维权之前，都要在企业内部设置专门的机构或聘请外部机构，对涉诉专利稳定性进行再次评估，在具有一定把握的前提下再发起维权。在发起诉讼时，最好能有多件专利对侵权对手进行围攻，在基于诚实信用原则的前提下，需要在无效复审和法院的当庭陈述中对相关名词解释和陈述逻辑保持一致性进行推敲。在准备起诉材料过程中，对证据的侵权可视性、举证难度、证据链是否完整，以及如何抗辩，进行仔细的沙盘推演。

作为专利无效宣告请求人，如果能找到非常明确的现有技术或者现有产品公开，理论上既可以通过专利无效程序质疑专利的新颖性，又可以通过在诉讼程序中提出现有技术抗辩。但是在实务操作过程中，无论能否找到符合现有技术抗辩的证据，都不能只重视诉讼程序，而是在无效程序中先进行狙击。如果能一次就无效宣告专利最好，如果无效不掉，基于诚实信用原则，专利权人会在无效程序中明确其相关名词或者权利要求解释，有时为了保住专利会缩小其保护范围，那么会增加被诉方的有利空间。

五、以正确的心态应对专利博弈

专利诉讼和无效的双方类似于下棋博弈，对弈过程中棋手的心态很重要。有些企业管理者心态消极，觉得好不容易有了专利证书，万一去打诉讼，别人把专利给无效掉，岂不是赔了夫人又折兵，还不如不打专利诉讼。不可否认的是，从决定申请专利开始，专利检索、挖掘、申请、答复审查意见，企业专利管理者、研发人员和外部代理机构付出了大量的时间、金钱和精力，历经诸多磨难终于获得专利授权和专利证书。如果不打诉讼，那么专利证书就是一张纸，这张纸抛开企业宣传的价值，其实跟普通白纸没有任何区别。通过专利诉讼，能有机会证明这是一张有用的纸。通过诉讼经历无效程序，无非面临两种情况：①被无效宣告，专利自始至终不存在，那跟白纸没有区别；②专利维持有效，获得了一张经过考验的专利证书。如果这张专利证书在之后的专利诉讼过程中为企业赢得诉讼，这才是真正有"杀伤力"的专利证书。通过公开换得了真正的保护，是企业用来构建技术护城河的商业武器。

有些企业管理者则恰好相反：心态膨胀，觉得自己专利"天下无敌"，专利诉讼中要求赔得多、赢得快，还要花钱少，而这恰好是专利博弈中的"不可能三角"。对专利赔偿有很高的期待，对方肯定是想尽办法使专利无效。因为双方在角逐的过程中，请2~3家知名律师事务所一起来分析案情是常见情况，所以费用不可能低。如果对方侵权行为成立，由于对方可能会想尽办法拖延时间或者拉低判赔金额，因此也不可能太短时间结案。想要赢得快，最好的路径是和对方谈和解，既然先谈和解，那么对和解金额就不应该有过高的期待。如果想要花钱少，最好就是批量维权，起诉一批销售商，但是该判赔策略在赔偿金额上可能会很低，而且审判期限不会短。因此，在最初确定诉讼策略时，要先确定专利诉讼的目的。如果想要赢得快，那么前期先谈和解，或者边打边谈，以打促和，降低自身对于获得赔偿额的期待。如果想要赔得多，那么前期工作就要做扎实，聘请资深律师进行综合评估，并且要做好打持久战的准备。

六、坚持长期价值主义："结硬寨，打呆仗"

企业专利管理是一项需要长期坚持的、复杂的系统性工作，专利前期的挖掘准备工作短则两三个月，长则一年半载。递交申请答复OA，平均时间也得一年左右。后期的专利无效和诉讼则更加考验专利权人的耐心和定力，各个环节环环相扣，需要在实践过程中不断地动态调整，总结优化再反馈进行下一个循环。企业专利管理需要管理者知识的积累和经验的沉淀。坚持做正确的事情，扎扎实实打好基本功，不好高骛远，不心浮气躁；正确地做事情，坚持PDCA循环，凡事有回响，事事有反馈，终究会找到属于企业和自己适合的方法论和破局之法。

品牌法律化：企业品牌管理工作新思考

王 旭

品牌法律化是近年来知识产权界的新词和热门词。但无论从学术角度还是企业实践层面，都将品牌法律化和商标混为一谈，似乎品牌法律化只是商标的新名词。带着这样的疑问，笔者查阅了专业网站和书籍，发现基本是以品牌为名，做商标之实。难道在知识产权领域，品牌和商标是同义转换？也许从业者将二者混淆是有不得已的苦衷，但笔者认为品牌和商标应该是两个不同的概念，品牌法律化在企业内的业务定义不应当仅限制在商标领域。因此，笔者对品牌法律化作了一些思考，以期与读者进行交流与探讨。

一、品牌法律化是什么

在商标与品牌的关系上，通常把商标定义为品牌法律化的载体，以此将商标与品牌建立联系，便于商标这个法律概念生活化并方便理解其作为法律载体所承载的内涵。

前述理论通俗易懂，帮助初学者将生涩的法律概念与日常生活快速关联，但相关概念进入市场以后却产生了异化，很多人借用商标与品牌的概念扩大了二者之间的关联程度，将商标与品牌混为一谈，以至于很多知识产权服务机构经常会拿"品牌"作为名义。在向客户推介服务以及讲述品牌业务的时候,知识产权服务机构其实讲的仅仅是"化了妆"的商标布局,给客户造成一种品牌就是商标的简单理解。

诚然,知识产权服务机构能讲也有资格讲"品牌",毕竟商标是最容易也最直接能和"品牌"产生业务关系的法律客体,但若服务机构持续将"品牌"与"商标"画上等号,直接在业务中将"品牌"与"商标"混淆,如果不是故意为之,那体现的将是服务机构在业务和专业方面的无奈。

品牌是管理、传播以及消费者行为等概念的综合范畴,在相关学科及业务实操的背景下,企业品牌管理更加注重自身传播体系建立、品牌价值体现及溢价、客户消费习惯培养、广告宣传等方面的内容。商标本质是区分产品来源、承载商誉。但商誉本身是通过企业经营、市场运作带来的,商标本身仅参与(并不承担)制造商誉的过程。回顾企业的职能架构以及权责范围可以发现,规模型企业往往会有单独的品牌部,知识产权部门也只能涉足品牌的确权、维权、评审案件以及续费工作。

简单地说,商标是一个相对静态法律状态,一旦注册就以法律事实存在。而品牌则是杂糅了商标、市场、宣传、广告等内容的对外动态经营状态在消费者内心的认知及认可。例如,分析"三鹿"这个商标和品牌之间的差异可以发现,商标依然作为法律概念上的静态存在,而品牌则因三聚氰胺事件名誉扫地。需要明确的是,相对静态法律状态与商业竞争环境使用商标的动态过程并不矛盾,因为商标作用的核心是区别产品来源,其他诸如广告、质量保证、信誉等作用是通过使用后增加的,也只有通过使用,商标才可以被视为品牌法律化业务框架内的一部分。

那品牌法律化应该如何定义,品牌法律化的内涵及边界在哪里?笔者建议可以类比专利。专利其实是通过文字表述技术方案并在文字的基础上予以保护的外在文字、内在技术的权利客体。专利作为技术方案或资产的法律化载体,是否也可以将专利工作称为"技术法律化"?同理,技术法律化能否与专利等同呢?当然不行,因为还有最常见的技术秘密、技术诀窍甚至源代码等都应属于技术法律化的范畴。

可见，即便是日常工作中最习以为常的专利，也只是成为"技术法律化"概念中的一部分。企业知识产权工程师（IPR）在成熟企业工作中的"技术法律化"，应当是面对技术资产时脑海中呈现一套完整的工作体系，从制度安排、流程进度、客体类型、协同部门各个维度嵌入企业运营流程中。换言之，"技术法律化"是知识产权部能够基于企业技术资产的一切法律支持的集合，而专利仅是技术法律化的权利客体之一。

因此，"品牌法律化"可以被定义为知识产权部能够为企业品牌工作所做的一切法律支持的集合。简单地说，就是作为服务部门的知识产权部为提升企业品牌并为业务提供支持的集合。

二、品牌法律化有什么

如前所述，品牌法律化与商标虽然存在关系，但商标是无法替代品牌法律化的。笔者更愿意将相关概念外化为一种品牌法律化业务相关的体系，该体系涵盖了企业各个部门以及全流程，具体内容为知识产权部能够为这个体系提供的所有支持。

所有能够与品牌建立联系的法律客体都可以纳入其中。也就是说，商标显然包括在法律化的工作体系中，著作权、专利甚至商业秘密也可以被纳入法律化的业务中。品牌是对外的、动态的，无论属于何种客体，只要在使用过程中出现与市场以及消费者间的互动，对品牌产生正向或负向影响，都应当纳入考虑范围。例如，名噪一时的"红罐凉茶"之争，争议点在产品的包装及装潢上，虽然焦点所在的《反不正当竞争法》有时候会被视为《商标法》的兜底，但显然某医药集团有限公司和某饮料有限公司都将争议看作品牌之争。又如，科创实力作为企业科创板上市的核心指标，各家企业都想尽办法通过专利给自身"设标签""立人设"，便于在股票发行审核委员会及投资人面前展示自身研发实力，以赢得市场的认可。

可是，层出不穷的专利阻击以及诋毁给拟上市企业带来的影响为其维护自身企业科创形象带来了极大的困难。而企业的应对反应，从侧面来说，与自身品牌也有极大的关联。例如，面对上市前的专利阻击，深圳某科技股份有限公司快速提起无效宣告请求、进行反诉、舆论引流等一系列组合拳，极大提升了其市场信心以及品牌价值。从该案例来看，其所提升的品牌价值可以附加在企业的商誉上，商标也在此时得以增值。所以，类比专利与研发的关系，商标确实与市场品牌的关系最为紧密。

三、品牌法律化该怎么做

企业品牌时常被视为品牌部门或市场团队和业务范围，目光也往往专注在品牌市场推广上。一方面，品牌法律化的概念无法在企业内部推行；另一方面，品牌法律化的范围及边界不清晰，或者混为一谈，或者相互切割，无法协同。其实，品牌法律化是在企业运营过程中，知识产权部针对企业品牌业务可以提供的法律支持的手段集合，明晰了品牌法律化的边界或定义，品牌设计、营销以及保护扩张领域，都具有法律化的因素。对于企业而言，品牌法律化是对品牌客体、行为、结果等一系列事件的法律化表达。

所以，品牌法律化工作在企业中应当组织协同多部门、多客体、多体系同时构建。在商标方面，商标业务是品牌法律化最显性的工作内容，其工作方式可以参考专利全流程嵌入，将确权工作嵌入整个公司产品研发流程。当出现商标侵权或者有损商誉的事件时，可以快速协调资源处理，增加知识产权部门及兄弟部门协调的同时，还可以提前进行商标布局，并对后期的使用合规进行有效协助。在著作权方面，通过著作权与商标的相互联系，达到著作权与商标相互支撑的效果，减少因著作权疏漏而导致的品牌风险。在专利方面，通过"技术法律化"的思维进行权利固化后，品牌在其中起到的作用主要成为辅助支持。当出现技术性风险时，通过对品牌的维护及营造，确保公司的商誉不会受到影响。

简言之，品牌法律化的工作主要包括获权、用权和风控。

（1）获权。企业要根据所处的发展阶段和企业发展战略，首先确定要注册什么，其次是怎么注册，最后是何时注册。根据企业发展的不同时期，策略性、选择性地进行调整、补充或删减。

（2）用权。权利人的权利主要包括：使用权、许可使用权、独占权、禁止权、转让权等。企业在商业过程中通过合理用权，能促进生产者或经营者不断提高或稳定产品或服务的质量；有利于市场竞争和广告宣传，树立企业信誉，成为企业质量的象征；可作为无形资产、信誉的载体，为企业带来更好的经济效益。

（3）风控。多维度品牌风险监控管理等。

四、结　语

笔者从概念层面对品牌法律化进行了解释，但品牌法律化业务范围也在不断发展变化。其核心思想是品牌法律化与商标业务之间不能画等号，过往认为商标简单，忽视商标的现象以及认为商标业务单薄的错觉应当在品牌法律化的概念下纠正过来。

总之，随着品牌战越发激烈，品牌作为无形的保护手，是企业保驾护航的有力武器。因此，企业在日常经营的过程中，应当积极提高知识产权意识，重视品牌法律化体系建设，做好相应的品牌法律化管理。只要好好经营，有一天它的价值也许会超乎你的想象！

浅谈企业名称、商标和字号的管理

常向月

随着我国市场经济的高速发展,企业数量呈现快速增长,与之而来的企业名称、商标和字号冲突问题日益凸显。企业名称、商标和字号是企业的标识,可能包含了该企业的产品或服务,有时候更像是企业的"身份名片",从而产生一定的商业价值,这种价值使企业名称可以作为无形资产进行转让,所以必须切实强化企业名称、商标和字号的保护。

一、企业名称、商标与字号的关系

很多企业的字号与该企业的主打品牌名称是一致的,例如华为技术有限公司(以下简称"华为公司")的企业商标与字号都是"华为",小米科技有限责任公司的企业商标与字号都是"小米",小红书科技有限公司的企业商标与字号都是"小红书",人们也习惯以"华为""小米""小红书"直接称呼以上企业。当然也有一些企业的主要商标与其字号不一致,例如北京字节跳动科技有限公司的企业主要商标与字号分别是"抖音"与"字节跳动"。严格来说,企业商标与字号之间并无特定的联系,但从知识产权保护角度来说联系紧密。

企业名称是由行政区域、字号、行业(经营特点)、组织形式组成。企业名称与字号之间的关系是包含关系。企业名称是用于区分不同企业的标志，而字号是企业名称中的核心要素，企业名称中必须包含字号。例如，深圳市荣耀科技有限公司，企业名称由四部分组成：行政区域（深圳）+字号（荣耀）+行业（科技）+组织形式（有限公司），其中"荣耀"是企业的字号。

商标俗称"牌子"，是识别和区分商品或者服务来源的标志，由文字、图形、字母、数字、三维标志、颜色组合和声音等，以及上述要素的组合所构成。企业作为商标申请人，可以申请与字号一致的汉字商标，也可以申请其他汉字商标或者其他图样的商标。企业商标能否与字号一致，完全取决于申请人的意愿以及国家知识产权局商标局对拟申请商标的审查结果。但是为了避免市场及消费者混淆，企业一般会优先考虑将字号作为商标进行申请注册。

从数量上来说，企业名称包含字号，一家企业只能有一个字号；而一家企业可以有多个商标，企业可以根据所属行业特点及其提供的产品或服务的类型申请多个类别商标，同一个名称或图样的商标申请可以是多个。

从必然性上来说，企业的字号与商标不必一致，一家企业必定有字号，但不一定有商标。没有商标的企业，可以使用企业名称或者特定的包装、装潢显示自己经营者的身份及商品、服务来源。

二、企业名称和商标的区别

（一）构成要素不同

企业名称只能用文字表示。商标的构成可以是文字，也可以是图形，或是文字与图形的组合，甚至是三维标志、颜色组合或声音。

（二）获取途径不同

企业名称主要依靠《企业名称登记管理规定》《市场主体登记管理条例》等行政法规获得核准。商标主要是依靠《商标法》获取相应权利，在我国，商标注册是取得商标权的基本途径。

(三) 保护期限不同

企业名称登记后终身有效，只要主体不注销，企业对其名称享有的权利就可以一直存续。注册商标专用权的期限为 10 年，到期后可以无限次续展，续展后商标权人可以继续享有商标专用权。

(四) 司法保护不同

企业字号的保护依据是《反不正当竞争法》。而司法实践中，大部分法院同时根据《商标法》和《反不正当竞争法》对行为本质予以评价裁判。注册商标的保护依据主要是《商标法》第 52 条、第 57 条及第 63 条，主旨是保护注册商标的专用权。

(五) 保护范围不同

企业字号以地域为保护范围，在相同行政区域内注册具有排他性，即使跨行业也不得注册相同的字号；但是在不同的行政区域下，可以有相同字号的企业存在。例如，广州荣耀科技有限公司、北京荣耀科技有限责任公司可以与深圳市荣耀科技有限公司同时存在。商标以类别为保护范围（驰名商标例外），在注册类别中，全国范围内均具有排他性，同样的文字和图形只有在跨类别的情况下才允许注册商标。

(六) 法律性质不同

企业名称权是具有人身权和产权特征的权利，因此，企业名称权一般不允许单独转让或允许他人使用。商标权是工业产权，只具有产权特征，不具有人身特征，商标允许转让及许可他人使用。

三、企业名称注册

实践中，因为企业名称具有地域性，所以在注册企业名称时，建议企业优先选择省级市场监督管理局进行注册。但是由于相同企业字号可以在不同的行政区域下存在，全国仍然可能有多个相同的字号企业存在，为进一步降低"搭便车"导致的品牌分流风险及后续维权成本，因此建议企业可以进行无行政区域化注册。

企业名称无行政区划是指企业名称开头无地域限制，无行政区划后的企业名称由字号、行业（经营特点）、组织形式组成。企业名称无行政区划，有利于企业品牌推广，彰显企业实力，且可以预防傍名牌，更好走向国际化，例如腾讯云科技有限公司、百度（中国）有限公司、阿里巴巴集团控股有限公司、华为技术有限公司、加多宝（中国）饮料有限公司等知名企业已经完成了相关无行政区划注册。

国家市场监督管理总局进行无行政区划核名的方式有两种。第一种是企业新设立：新注册的企业，直接注册成为国家市场监督管理总局核名；第二种是企业名称变更：在原企业的基础上升级名称。企业名称申请的方式、流程以及组织结构类型如表1所示。

表1 企业名称申请的方式、流程以及组织结构类型

申请方式	申请流程	组织结构类型
企业新设立	国家市场监督管理总局核准+变更	方式一：去行政区划，企业字号+行业特点+组织形式，如某某科技有限公司。条件：注册资本5000万元人民币以上。
企业名称变更	由下向上逐级申请，直至国家市场监督管理总局	方式二：去行政区划+去行业，企业字号+组织形式，如某某有限公司。条件：注册资本1亿元人民币以上。 方式三：集团化，企业字号+组织形式（集团化），如某某科技集团有限公司、某某集团有限公司。条件：注册资本1亿元人民币以上+5个子公司

四、企业字号和商标使用注意事项

商标权具有排他性、独占性，对于某个行业注册成功的商标，该商标

权利人可以在一国范围内专用，也可以许可其他人使用，这体现了商标具有垄断性。而商标权的核心是使用，只有使用才可以赋予商标生命和意义，并使商标成为企业的品牌竞争力。但是商标权利人在商标使用过程中，仍然需要遵守《商标法》的规定进行规范使用，不能随意改变注册时的商标图样，也不能任意超出核定使用的商品或服务范围。若是商标使用不规范，则非规范使用商标的证据在根据《商标法》第 49 条第 2 款规定的连续 3 年不使用而被撤销（以下简称"撤三"）过程中极有可能无法证明该商标权人进行了真实、合法、有效的使用，从而可能导致商标权人无法证明存在"使用"该商标的事实，进而面临商标被"撤销"的风险。随着企业发展，如果存在需要对注册商标进行变更使用的情况，企业可以将变更后的商标图样重新提交商标申请，完善企业商标池，保障企业的利益。

在企业商标管理过程中，企业 IPR 应结合企业发展战略，在不同类别同时注册商标，以免被他人抢注，给企业造成不必要的损失；同时应根据《商标注册用商品和服务国际分类》的更新而及时调整商标注册的产品/服务内容。但是商标申请并非越多越好，如果在与企业本身经营范围不相关的类别上大量申请商标，也有可能被国家知识产权局商标局认定为恶意囤积商标，一旦进入知识产权失信行为名单，企业后续的正常商标申请都会受到阻碍。而对于已经完成了商标注册的类别，企业也应做好商标使用证据管理工作，防止他人因提"撤三"而失效。

在"撤三"案件中，由于商标权利人提交的使用证据必须是撤销申请提出日之前 3 年之内的商标使用证据，因此商标权利人对于商标使用证据的管理尤为重要。商标权人应建立相关工作机制，专人负责跟踪，在保证规范使用商标标识的前提下，做好商标使用证据的收集和分类。证据的材料包括：①宣传推广、销售的合同及相应发票的原件和复印件、付款凭证；②荣誉证明的彩色照片，例如奖杯、奖状、牌匾等；③在知名媒体、社交平台、微信公众号上发布的宣传推广文章的网页链接；④产品宣传册原件，广告或会展活动的展板照片等；⑤宣传单、海报、易拉宝等；⑥海关备案证明或者其他证明文件等。

企业在实际产品宣传推广时，需要特别注意字号的使用问题。字号如果单独使用便不再是企业字号，而是作为一种商业标识使用，并且可能给企业带来不必要的商标纠纷。例如，深圳市某照明技术股份有限公司在产品推广时将某企业字号进行了突出性使用，结果在其IPO上市期间，与某集团有限公司产生了数百万元的商标纠纷，导致IPO进程被迫终止；上海某医疗美容医院在广告宣传中将某企业字号进行突出性使用，侵害了成都某牙科连锁管理股份有限公司注册的"华美"商标专用权，法院最终认为上海某医疗美容医院构成商标侵权。

当然，如果在他人申请商标前，该企业已经开始单独或突出使用其字号（商标在先使用），那么在他人注册商标之后，该企业可以在原有范围内（他人商标申请前的经营领域和地域等）继续使用，不能再扩大范围使用。如果企业超过"原使用范围"使用，很有可能侵犯他人的商标权，进而面临立即停止单独使用字号、销毁侵权标识、赔偿损失的风险。当然，如果在先单独使用字号的企业，认为他人注册的与其字号相同的商标，是采取了不正当的商业手段，或是抢注他人在先使用具有一定知名度的商标，那么该在先使用的企业，可以以此理由对在后申请的商标提出异议或提起无效宣告，打掉在后的商标。

五、建　议

企业字号与商标一致，可以帮助企业在产品、服务推广时起到很好的宣传效果。企业IPR应根据企业经营特点，搭建及优化商标管理体系，规范化使用企业字号及商标，同时也应强化商标分级管理、商标使用、商标变更、商标监控、商标维权等管理制度。在面对侵权企业的商标行为时，要做到定期监控、尽早发现、及时制止，有效维护企业声誉，真正做到企业品牌的做大做强。

企业商业秘密管理核心要点

宋广磊

2017年、2019年我国先后两次修改《反不正当竞争法》中的商业秘密条款。2020年1月,《中华人民共和国政府和美利坚合众国政府经济贸易协议》中就有关于商业秘密的协定。2020~2021年,我国最高人民法院先后发布了三个与商业秘密相关的司法解释,并公开宣判多起商业秘密高额侵权判决。

2022年,全国商业秘密保护创新试点工作全面启动,国家市场监督管理总局公布了全国20个商业秘密保护创新试点地区(第一批)的名单。全国各地陆续开展商业秘密保护创新试点地区工作。可见,商业秘密保护的重要性和迫切性已经提到了国家层面。

有数据显示,2019年1月至2022年2月法院涉商业秘密保护措施案例案由共有1295件,其中案由主要包括竞业限制纠纷、侵害经营秘密纠纷与侵害技术秘密纠纷等。2019~2021年,知识产权相关法律案件分析如表1所示。❶

---

❶ 陈晓霞. 公司商业秘密的保护措施及司法争议案例解析 [EB/OL]. (2022 – 06 – 08) [2022 – 08 – 02]. https://baijiahao.baidu.com/s?id = 1735071826890241419&wfr = spider&for = pc.

表1 2019~2021年知识产权相关法律案件分析　　　数量：件

案由	审结年度			数量总计
	2019年	2020年	2021年	
全部案由	538	490	267	1295
竞业限制纠纷	20	12	16	48
侵害经营秘密	25	13	8	46
侵害技术秘密	8	23	4	35
专利权权属纠纷	0	8	6	14
股东知情权纠纷	1	9	1	11
侵犯商业秘密罪	7	4	0	11
损害公司利益责任	1	5	3	9

一、案例分析

A公司起诉B公司，称B公司或相关人员在获取其技术秘密后，在极短时间内研发出与A公司相似的技术方案并获得非法效益，给A公司造成巨大经济损失。因此，A公司要求B公司立即停止对其商业秘密的侵害，同时赔偿A公司经济损失5000万元。

诉讼请求：依法确定A公司技术方案为商业秘密，要求B公司立即停止对该商业秘密的侵权。

争议焦点：①A公司是否具有主张相关权利的资格；②A公司主张的相关内容是否构成受《反不正当竞争法》保护的商业秘密；③B公司被控侵权技术方案是否具有合法来源；④B公司被控侵权技术方案与A公司主张的商业秘密内容是否实质相同。

核心关键点：A公司主张的内容是否构成"商业秘密"（密点识别）。

判决依据：由于A公司主张内容的密点1、密点2和密点3都已经被专利发明说明书以及其他公开出版物公开披露，丧失了"不为公众所知悉"的条件，因此不构成受《反不正当竞争法》保护的商业秘密。

最终，北京知识产权法院进行宣判，驳回A公司全部诉求。

二、商业秘密纠纷判决的难点

对于商业秘密纠纷案件在处理过程中,有以下三个难点。

(1) 缺少同类案件经验。商业秘密案件相对其他案件的稀少性,导致办案人员缺少相关经验,如何调查取证成了难题。

(2) 商业秘密是否存在。上述案例的关键点就是 A 公司所主张的技术方案是否形成"商业秘密"。

(3) 保密措施是否完善。大部分企业虽然进行了一定的商业秘密保护工作,但缺少取证能力,企业能提供的证据材料也非常有限。

三、企业商业秘密管理的重点

企业在进行商业秘密管理的时候,应了解法院办案的重点:①商业秘密密点的识别;②商业秘密挖掘和布局;③商业秘密的保密措施。

笔者将从商业秘密密点识别来分析企业该如何进行商业秘密管理。

有统计显示,约 60% 科技型企业的创新成果最初都是以技术秘密方式存在的。❶ 同时,商业秘密无须向社会公开,其权利状态与范围随时可以变动(如通过技术转让、许可、投资等),也无须向政府部门备案或者登记,从而为企业提供了更灵活、更丰富的竞争手段。

因此,企业应该综合判断其市场现状、技术水平。如果是技术上短期内较难突破或者相关信息的性质上不适宜申请专利或其他手段保护的,就可以考虑通过商业秘密加以保护。

---

❶ 谷业凯. 人民财评:推动商业秘密保护工作再上新台阶 [EB/OL]. (2022 – 03 – 31) [2022 – 08 – 02]. http://m.people.cn/n4/0/2022/0331/c25 – 15512431_2.html.

四、商业秘密密点的识别

在进行商业秘密密点识别之前,应先界定商业秘密的范围。《反不正当竞争法》第 9 条规定:"商业秘密是指不为公众所知悉、能为权利人带来经济利益、具有实用性并经权利人采取保密措施的技术信息和经营信息。"技术信息主要包括:技术设计、技术样品、质量控制、应用试验、工艺流程、工业配方、化学配方、制作工艺、制作方法、计算机程序等。作为技术信息的商业秘密,也被称作技术秘密、专有技术、非专利技术等,在国际贸易中往往被称为 Know–How。经营信息主要包括:发展规划、竞争方案、管理诀窍、客户名单、货源、产销策略、财务状况、投融资计划、标书标底、谈判方案等。

企业在识别内部商业秘密时,应当遵循"最大化原则",根据企业所处行业及自身实际情况,将散存于企业各个部门、业务流程中,符合商业秘密法定构成要件的信息及其载体进行系统识别,尽可能细致地梳理每一项商业秘密事项内容,并形成"商业秘密资产清单"。

(一)商业信息在企业发展中的重要程度

结合秘密信息的研发成本、获取难度,对企业的产品生产、渠道拓展是否起到关键作用,商业秘密泄露后产生的经济损失,竞争对手获取商业秘密后产生的价值等问题全面判断,确定商业信息的重要程度。

(二)商业信息是非公知信息

以最常见的客户名单举例,随着信息化时代的到来,如果一家企业想要获得客户名单,相对来说是较为容易的。例如,企业可以通过有关企业信用信息网站、招投标采购平台等渠道就能轻易获取相关行业客户的联系方式以及采购需求。这种状态下的信息就可能认定为是所属领域的相关人员普遍知悉或容易获得的信息,不具有秘密性。如果企业通过与客户长期交易，以及后期加工整理客户名单，使得客户名单可以涵盖客户的具体交易习惯、意向、价格承受能力、成交底线、特殊偏好、要货规律等特殊综合深度信息，那就属于对公知信息深加工形成的新信息，即可定性为商业秘密。

（三）留存痕迹信息的全过程

对商业秘密的研发、整理和加工过程的梳理，是证明商业秘密价值的一个重要步骤。需要企业对其业务模式、生产过程中的重要信息进行全程跟踪。例如，企业的技术资料中涉及的工艺配方、操作规程、质量控制要求、原材料质量要求、生产装置设计技术要求及参数等，都应纳入企业保密范围及涉密项目明细，并妥善保管其涉及商业秘密的技术改造、工程安装、设备采购合同、财务票证等信息与文件。

（四）从侵权判定的方法和过程来识别

在侵害商业秘密民事侵权案件中，侵权判定通常包括以下四个步骤。

（1）原告证明被告持有、知晓或已使用某个具体的商业或技术信息。

（2）原告证明（通常需要进行司法鉴定）被告持有的上述具体的商业或技术信息具有秘密性，公众无法通过公开合法途径获取。

（3）原告证明被告持有的上述具体的商业或技术信息，与其商业或技术秘密具有同一性（通常需要进行司法鉴定），即两者相同或实质性相同。

（4）原告证明被告存在非法获取或使用原告商业或技术秘密的不法行为。

五、商业秘密的挖掘和布局

除了专利需要挖掘和布局，商业秘密也需要挖掘和布局，而且需要从企业商业竞争和价值实现的角度来思考和布局。

（一）溯源：企业的创新成果保护

创新是企业的核心竞争力，加强创新成果的知识产权管理与保护则是企业立于不败之地的保障。但是，随着商业竞争的日益加剧，企业创新成果保护面临以下四大挑战。

1. 现代企业活动的属性

现代企业经营活动难以完全规避对外涉密信息的保护。现代企业不同于传统手工作坊的一个重要方面就在于企业与其他关联行业之间的协作更加密切，密切的联系让信息更加透明和缺少壁垒，这就会造成创新成果更容易泄密。

2. 新技术的快速发展

信息技术发展也给企业创新成果保护带来巨大挑战。互联网等技术的快速发展，使信息的传递方法变得更快速、更难以防范，泄密或被破坏的范围及后果影响也更大。

3. 人员的频繁流动

员工频繁流动成为企业创新成果保护的一大困难。在大规模生产的条件下，必要的商业机密往往需要由跨岗位的人员掌握，甚至由外部机构的人员掌握。

4. 专利保护形式的本身限制

专利并不一定是保护核心技术和信息的最佳方法。专利是公开的，同时维权成本比较高，而随着反诉手段的使用，专利往往还会陷入烦琐、冗长的诉讼纠纷中。

（二）比较：商业秘密与专利

1. 保密措施和期限

对有能力采取有效保密措施、防止技术方案泄露，且对技术方案希望长期保护的，可以考虑以商业秘密的方式进行保护。若企业不能采取有效保密措施，或保密措施无法保障技术方案不被泄露，应尽量以申请专利的方式进行保护。

2. 技术先进程度

若技术方案本身先进性程度不高，同样或类似的技术也可能被他人（特别是竞争者）研发出来，则时间上优先保护更为重要，建议采用专利方式保护。若技术方案本身先进性程度较高，在一定时期难以被他人研发出来，可考虑采用商业秘密进行保护。

3. 反向工程难度

若该技术方案容易通过反向工程获得关键技术信息，应考虑通过专利保护。若该技术方案很难进行反向工程，则可以考虑商业秘密的保护方式。

4. 技术方案的商业价值期限

若该技术方案具有长期的商业价值，可以采用商业秘密进行保护，如可口可乐配方。若该技术方案处于更新换代较快的领域，可以考虑专利保护，如部分通信、信息技术领域技术方案。

5. 获得专利授权的可能性

若该技术难以符合授予专利权的条件（新颖性、创造性、实用性），则要考虑商业秘密保护。

综上所述，建议采用商业秘密+专利相结合的综合保护方案。希望得到保护的核心技术采用商业秘密的方式保护，严格限制范围并采取有效保密措施；对周边技术采用专利方式保护。此外，对核心技术申请专利保护，对周边技术采取商业秘密保护，也是一种可行的方案。

（三）方法：商业秘密的挖掘和布局

商业秘密的挖掘和布局是商业秘密管理工作中的重点，涉及企业的技术方案、竞争战略以及纠纷诉讼证据的呈现等。为了能使企业在市场竞争中形成以"数量布局、质量取胜"的良好局面，二者密不可分。企业对商业秘密的挖掘和布局主要有以下三个方面。

1. 以项目研究为导向进行挖掘和布局

企业在进行某一项技术攻关时，往往是以项目研究的形式开展的。企业要以项目研究为导向，明确项目要突破的技术难点和现有技术可实现的所有功能，并将实现这一目的每个技术点进行细分，明确每个技术点的技术解决方案实施路径。

重要的是对区别技术特征进行识别。假设一个技术方案由 3 个技术特征组合而成，其中 1、2 是本领域公知技术，3 是区别特征。密点挖掘最终是要找出技术特征 3。不同于专利申请创造性的考量，在密点挖掘时还应进一步考虑技术特征 3 是否属于本领域的技术人员容易通过现有技术直接获取、容易通过购买市场上公开销售的产品结构或尺寸等获得。

同时，还要根据技术方案的不同进行密点的挖掘和布局。若改进点是生产工艺，在挖掘和布局时不仅涉及技术原理、相关公开技术，而且包括各种经过大量生产检验获得的优选数值、流程图、设备尺寸、各种技术信息的配比配套。若改进点是产品配方，需要考虑配方是全新的配方，还是改进型配方，在挖掘和布局时，不仅涉及产品配方中包括哪些配料，而且涉及各配料之间的成分比例以及生产该配方的相应工艺。

2. 以问题为导向进行挖掘和布局

企业在生产经营过程中会出现各种各样的问题，这些问题往往直接影响企业的经营发展和市场竞争力。

以问题为导向就是将这些问题进行收集、整理并分析，找出存在此类问题的原因，然后根据此类原因，针对性地厘清解决问题的方法和保护方式，最后综合市场、法律、技术等方面因素，挖掘和布局密点。

3. 以商业价值为导向进行挖掘和布局

企业所有商业活动均以实现商业价值为目的，商业秘密的挖掘和布局也不例外。商业秘密管理无论是从企业本身创新成果的保护还是纠纷诉讼价值来说，都要以实现企业市场竞争地位的提升，并创造更多直接获利的商业机会为目标。

另外，商业秘密密点挖掘后，要对密点进行综合评价，从创造性的高低、贡献度的大小、成本的高低等多个维度进行比较，最后确定需要用以保护或维权的密点数量，进而予以布局。评价的维度根据每个案件来确定需要平衡权利人的诉求。虽然在商业秘密类案件中没有要求创造性地评价，但还是建议对整个技术方案进行创造性评价，以提高维权的成功率。

需要强调的是，商业秘密管理跟企业管理一样，是动态的、持续性的。商业秘密管理要与企业战略密切结合，与企业的组织结构相匹配，这样才能实现商业秘密管理的商业价值。

六、商业秘密的维权难点和管理措施

（一）商业秘密维权的难点

1. 企业难以证明受侵害信息的秘密性

以一件案由为侵害技术秘密纠纷的案件为例，法院认为，涉案载体为相应进入市场流通的电源模块产品，而产品一旦售出进入市场流通，就在物理上脱离原告的控制，故区别于可始终处于商业秘密权利人控制之下的技术图纸、配方文档等内部性载体。原告主张的与前员工的保密协议、技术图纸管理规范等对内保密措施，因脱离涉案技术秘密的载体，故与其主张保护的涉案技术秘密不具有对应性，不属于该案中针对市场流通产品的"相应保密措施"。

2. 无法计算受侵害信息的价值，导致难获赔偿或难以通过刑事手段维权

在一件涉及侵犯商业秘密案中，法院认为，从市场竞争的不确定因素考虑，权利人被侵权后销售量的减少并不一定完全是侵权人侵权造成的结果，而侵权人侵权产品的销售数量不仅反映了侵权的客观事实，而且能反映权利人被侵权后造成的直接损失。

在另一件涉及商业秘密案件中，法院认为，某类采集器产品的市场广泛并且竞争激烈，所以原告采集器销售额的上下起伏并不一定是被告造成的，而被告销售的采集器的数量能反映侵权事实和重大损失。

3. 企业内部管理措施不足，无法提供管理证据

以"香兰素"案件〔（2020）最高法知民终1667号〕为例，最高人民法院认为，原告和被告之间签订的技术开发合同约定有保密条款，嘉兴中

华化工有限责任公司还制定了《档案与信息化管理安全保密制度》等管理规定，并对职工多次进行保密宣传、教育和培训。傅某某在原审庭审中陈述涉案图纸有专门部门保管，其无法轻易获取。可见，嘉兴中华化工有限责任公司的保密措施与涉案技术信息价值基本相适应，客观上起到了保密效果。上海欣晨新技术有限公司的管理条例中不仅有关于保密纪律的规定，而且其与员工的劳动合同中订有保密条款。上海欣晨新技术有限公司自2008年起仅为嘉兴中华化工有限责任公司提供技术服务，自身并不从事实际生产，没有证据表明其在经营中或者与第三方交易中披露过涉案技术秘密。其采取的措施合理且有效。

（二）商业秘密管理中的保密措施

所以说，企业商业秘密管理过程中，不是仅仅签订几份保密协议，或者竞业限制协议就可以了，还要对企业战略、管理、技术和人员进行全方位的保护。

1. 在战略上制定信息安全保护方针

企业可以通过分析关键业务、核心市场、主要对手，据此评估企业的管理现状，总结出重大的问题与风险，确定商业秘密的方针目标及建设路线，确保与企业的战略规划相匹配。

2. 在管理上设立管理、监控机构，建立完善的规章制度

企业可以配备适当的组织机构和人员来实现商业秘密的统一协调、管理和监控。总体上突出以下三个原则：一是权力相对集中，明确赋予相关机构对信息安全的统一管理权；二是设定职责权限，明确规定信息安全管理责任人、管理机构和人员的管理责任；三是强化管理素质，通过选拔、培训等渠道，打造一支忠诚、可靠、专业、干练的管理队伍。

同时，用制度保护商业秘密，是法律认可的保护商业秘密的重要措施。商业秘密保护应根据商业秘密产生、复制、存储、传递、使用、保管等运行轨迹，以有效控制接触范围、消除泄密隐患为主要目的制定。保密制度一般分为三个层次：第一层为企业章程有关商业秘密保护的原则规

定；第二层为企业商业秘密管理规定；第三层为单项保密规定以及保密协议。

3. 在技术上提高技术监控手段

企业通过提高与高技术入侵抗衡的能力，是其保护商业秘密的发展方向。企业运用信息技术来降低风险，应根据实际需要不断优化技术措施组合，着重强化防盗窃技术、防破坏技术、防入侵技术等措施，提高技术防范能力。

4. 在人员上加强意识宣贯

企业应积极推行契约管理，严格控制接触范围，加强重点部位监控与管理，主要方法包括：①加强人员教育，积极引进和推行契约管理机制；②重点突出合同的完整性和有效性，是提高信息安全保护和管理水平的必由之路；③保密的实质就是控制接触范围，通过需要原则、分割原则、隔离原则，把商业秘密知悉范围控制在不影响科研、生产和经营正常运行的最低限度；④明确并加强企业保密重点部门和部位的管理与监控。

（三）商业秘密的可视化：电子存证

随着数字化信息时代的发展，商业秘密保护也迎来数字信息化时代。全流程举证保全成为商业秘密保护的新手段之一。将企业运营过程中涉及的所有机密文件上传至系统、设定机密查看人员限定机密流转范围、签署保密协议，并且全流程保全固定事实证据，实现企业数字化风控，以实现企业商业秘密管理的可视化。例如，北京某司法鉴定所提供的电子存证就为企业商业秘密保护增添"筹码"，该司法鉴定所经我国司法部备案，其通过将司法鉴定取证规范与标准前置到取证工具中，解决企业在电子数据保全过程中遇到的取证手段有限、证据效力不高以及传统出证不够便捷的问题，为企业在互联网证据固定提供取证和存证服务。

创新型企业知识产权工作重点

姜城子

一、依托政策扶持，补贴运营成本，加速技术产品研发、产业转化

适龄企业：0~10年（指企业生存时间，以年为单位，下同；也指企业从核心团队组建到工商注册满10年）。

（一）深圳创新创业大赛、"创客中国"中小企业创新创业大赛

适合具有创新能力和高成长潜力企业，包括电子信息、互联网和移动互联网、生物医药、先进制造、新能源及节能环保、新材料六大行业。

"创客中国"中小企业创新创业大赛在企业工商注册前后均可参加，分为企业组和创客组。企业组：一等奖1名，奖金10万元；二等奖3名（证书、奖杯），奖金5万元；三等奖5名（证书、奖杯），奖金2万元；优秀奖若干（证书、奖杯）。创客组：一等奖1名，奖金10万元；二等奖2名（证书、奖杯），奖金5万元；三等奖3名（证书、奖杯），奖金2万元；优秀奖若干（证书、奖杯）。

(二) 高新企业培育和认定

1. 高新企业培育

（1）在深圳市（含深圳市深汕特别合作区）依法注册、具有法人资格的高新技术企业和上年度高新技术企业培育入库企业。

（2）企业上年度符合加计扣除口径的研发费用不低于100万元或规模以上企业上年度符合加计扣除口径的研发费用不低于50万元。

（3）企业应当向税务部门办理上年度加计扣除申报。

（4）国家统计法规要求填报科技综合统计报表的企业应当完成上年度科技综合统计报表填报。

根据所在地政策不同，一般有30万~100万元资助。

2. 高新企业认定

（1）注册成立1年以上。

（2）拥有自主知识产权。

（3）科技人员占企业当年职工总数的比例不低于10%。

（4）上年度高新技术收入占总收入比例不低于60%。

（5）研究开发费用占收入比例要求：①上年度销售收入小于5000万元，比例不低于5%；②上年度销售收入在5000万元至2亿元，比例不低于4%；③上年度销售收入大于2亿元，比例不低于3%；其中，境内发生比例不低于60%。

龙华区的企业首次认定及复审通过都补贴30万元。

（三）深圳市"专精特新"中小企业、广东省"专精特新"中小企业、国家级"专精特新"中小企业

深圳市"专精特新"中小企业、广东省"专精特新"中小企业、国家级"专精特新"中小企业须按市、省、国家三级从低往高申报。

1. 深圳市"专精特新"中小企业

（1）上年度营业收入1000万元以上。

（2）上一年营业收入增长率不低于15%，或者近2年主营业务收入或净利润的平均增长率不低于10%。

（3）企业近2年的研发投入占销售收入的比重达到3%以上。

（4）满足以下至少一类评价指标：①专业化（主营业务专注专业）评价指标；②精细化（经营管理精细高效）评价指标；③特色化（产品服务独具特色）评价指标；④新颖化（创新能力成果显著）评价指标。

2. 广东省"专精特新"中小企业

（1）依法在广东省境内登记设立，具有独立企业法人资格，符合《中小企业划型标准规定》（工信部联企业〔2011〕300号）的中小企业。

（2）企业主营业务和发展重点符合国家产业政策及相关要求，具备健全的财务会计核算和管理制度。

（3）企业上年度末总资产：珠三角核心区须达3000万元以上，沿海经济带的东西两翼地区、北部生态发展区须达2000万元以上。企业上年度营业收入：珠三角核心区须达3000万元以上，沿海经济带的东西两翼地区、北部生态发展区须达2000万元以上。

（4）企业近2年的主营业务收入为正增长且年平均增长率达到15%以上，利润总额为正数。

（5）企业近2年的研发投入占销售收入的比重达到3%以上。

（6）满足至少一类评价指标：①专业化评价指标；②精细化评价指标；③特色化评价指标；④新颖化评价指标。

3. 国家级"专精特新"中小企业

（1）成立3年以上的中小企业，且为省级"专精特新"中小企业或创新能力强的中小企业。

（2）坚持专业化发展战略，长期专注并深耕于产业链某一环节或某一产品；具有持续创新能力和研发投入，重视并实施长期发展战略。

4. 专项条件

（1）上年末的近2年主营业务收入或净利润的平均增长率达到5%以上，资产负债率不高于70%。

（2）企业从事特定细分市场时间达到3年及以上；主营业务收入占营

业收入达 70% 以上；主导产品在细分市场占有率位于全省前 3 位，且在国内细分行业中享有较高知名度和影响力。

（3）企业拥有有效发明专利（含集成电路布图设计专有权）2 项或实用新型专利、外观设计专利、软件著作权 5 项及以上；自建或与高等院校、科研机构联合建立研发机构，设立技术研究院、企业技术中心、企业工程中心、院士专家工作站、博士后工作站等；企业在研发设计、生产制造、供应链管理等环节，至少有 1 项核心业务采用信息系统支撑。

（4）企业拥有自主品牌；取得相关管理体系认证，或产品生产执行国际、国内、行业标准，或是产品通过发达国家和地区产品认证（国际标准协会行业认证）。

（5）近 2 年研发经费支出占营业收入比重 3%～6%。

（四）知识产权示范企业和优势企业

知识产权示范企业和优势企业分为市级、省级、国家三级，需要从低往高申报。同级别下，获评知识产权优势企业满 3 年可以申报知识产权示范企业。

1. 深圳市知识产权优势企业

（1）深圳市成立时间 3 年以上，且未获得过国家知识产权优势、示范单位资助，未获得省级知识产权示范单位资助及深圳市版权创新发展基地项目资助。

（2）具有专门的知识产权管理部门和专职工作人员，已建立较为健全的知识产权管理制度。

（3）已建立知识产权信息运作机制，能熟练使用专利信息系统查阅和分析专利文献。

（4）上年度专利授权量、著作权登记数量或商标注册核准数量持续增长。

（5）已建立完善的知识产权保护体系，并采取有效措施保护知识产权。

（6）上年度对知识产权工作的投入（含知识产权人力成本、知识产权教育培训、知识产权信息化建设、知识产权保护和维权、知识产权申请官费及代理费、知识产权专业咨询等相关费用）占研发投入 2% 以上。

2. 广东省知识产权示范企业

（1）广东省内登记注册满 3 年。

（2）在知识产权创造、知识产权运用、知识产权保护、知识产权管理等方面表现优异。

3. 国家知识产权示范企业

（1）国家知识产权优势企业培育期满，为国内骨干企业，对产业发展具有较强影响力。

（2）《国家知识产权示范企业知识产权评价指标体系》A 表评分达 75 分以上，并且 B 表评分达 80 分以上的企业。

（3）优势企业培育期满后拟申报示范企业的，须通过所在地区的省级知识产权局的复核评审。对于上一年度工作考核为优秀的优势企业，可在培育期内被推荐为示范企业。

4. 国家知识产权优势企业

（1）属于区域内骨干企业，对产业发展具有一定影响力。

（2）《国家知识产权优势企业知识产权评价指标体系》评分达 90 分以上的企业，或者第 1~3 项一级指标中，某一项一级指标得分比达到 80% 以上且总分达 70 分以上的企业。其中，"技术创新类"企业指标权重无调整；"商标品牌建设类"和"地理标志运用类"企业将根据培育类型调整相应的指标权重。

（五）深圳市专利奖、广东省专利奖和中国专利奖

1. 深圳市专利奖（深圳市科学技术奖）

（1）深圳市专利奖申报人的条件包括：①专利权人是组织的，应当由专利权人进行申请，且专利权人必须是在广东省深圳市行政区域内注册、具备独立法人资格的企事业单位；②专利权人为自然人的，应当与实施单

位联合申请；专利权人应拥有广东省深圳市户籍或者是联合申请单位的法定代表人或者股东，联合申请单位应在广东省深圳市行政区域内注册、具备独立法人资格。

（2）深圳市专利奖申报专利的条件包括：①申请项目为已获得国家知识产权局授权的专利，且该专利权有效、稳定；②专利技术水平高，原创性强，对促进本领域的科技创新有突出的作用；③该专利已经实施，取得显著的经济效益或社会效益；④专利文本质量较高；⑤针对该专利的保护措施较完善；⑥该专利及其产品符合各层级相关产业政策。

2. 广东省专利奖

广东省专利奖申报条件包括：①广东省内登记注册、具备独立法人资格；②申报专利在开展评选活动通知发文日前1个月，已获得专利证书；③该专利权有效、稳定，不存在专利纠纷或者无效宣告请求程序；④该专利创新性强，具有显著的经济效益或者社会效益；⑤该专利技术及其产品符合各层阶相关产业及环保政策；⑥针对该专利有相对完善的保护措施；⑦该专利未获得过中国专利奖或者广东省专利奖；⑧各申报单位同一技术领域申报项目数量不超过2项。

3. 中国专利奖

中国专利奖申报条件包括：①在当年的12月31日前（含12月31日，以授权公告日为准）被授予发明、实用新型或外观设计专利权（含已解密国防专利，不含保密专利）；②专利权有效，在申报截止日前无法律纠纷，不存在未缴年费或滞纳金等情况；③全体专利权人均同意参评；④未获得过中国专利奖；⑤1项专利作为1个项目参评；⑥相同专利权人参评项目不超过2项；⑦专利权人是国家知识产权示范高校的，参评项目不超过4项；⑧集团企业及其子企业参评项目总数不超过10项。

（六）研发资助类

1. 可持续发展科技专项

第一，项目资助有数量限制。受科技研发资金年度总额控制，并根据项目研发主要内容、项目考核指标（含经济指标、学术指标、技术指标等）以及研发实际需要，单个项目资助强度最高不超过 800 万元。

第二，资助资金纳入年度市级财政预算安排。项目自申报年开始实施，实施期限为 3 年。

第三，采用事前资助的资助方式。

2. 国际科技合作项目

重点领域包括：①新一代信息技术、高端装备制造、绿色低碳、生物医药、数字经济、新材料、海洋经济七大战略性新兴产业（20 个产业集群）；②合成生物、区块链、细胞与基因（含生物育种）、空天技术、脑科学与类脑智能、深地深海、可见光通信与光计算、量子信息八大未来产业。

重点支持具有国际领先水平、弥补市级产业链缺失环节的技术合作项目，鼓励市属企业、高校、科研机构等创新主体与外国先进科研机构进行前瞻性研究合作，组织举办前沿技术交流活动，促进科研人员的国际交流和往来。

国际科技合作项目分自主合作项目、活动交流项目、人员交流项目，其中自主合作项目采取事前资助，其他为事后补助。

3. 技术攻关

为进一步加大关键核心技术攻关支持力度，增强市级高新技术产业核心竞争力，提升产业整体自主创新能力，打破重大关键核心技术受制于人的局面，加快实现科技自立自强，采取"揭榜挂帅"方式对市级高新技术产业重点领域、优秀主体的关键技术攻关予以资助。

项目资助有数量限制，受科技研发资金年度总额控制，单个项目资助强度最高不超过 3000 万元。

采用事前资助的资助方式。

4. 深港联合资助项目（A 类项目）

深港联合资助项目（A 类项目）是指广东省深圳市和香港特别行政区的申请单位就同一合作项目分别向该地科技部门递交申请，通过两地联合评审立项后，由两地科技部门分别给予资助。

重点支持领域包括：①物联网、大数据、云计算、人工智能、集成电路、新型显示、信息安全、第五代移动通信技术（5G）、量子信息、第三代半导体；②医药生物技术、人口健康技术、水环境治理和生态修复、农业生物育种；③石墨烯材料、先进电子信息材料、显示材料、新能源材料、高性能高分子材料、氢能和燃料电池；④机器人与智能装备、智能无人系统、增材制造和激光制造。

采取事前资助方式，单个项目最高资助 300 万元，资助比例不超过广东省深圳市的项目预算经费的 50%。

5. 国家重大科技项目

支持国家重大科技项目所取得的研究成果在广东省深圳市接续开展产业化应用研究，解决科研成果产业化"最后一公里"的问题。支持的国家重大科技项目类别包括国家科技重大专项、国家重点研发计划等。

项目资助有数量限制，单个项目资助强度最高不超过 1000 万元。资助资金纳入年度市级财政预算。

采用"事前立项、事前资助"或者"事前立项、事后补助"的资助方式，由项目申请单位自主选择。"事前立项、事前资助"的项目，立项后拨付部分资助资金，通过中期评估后再拨付剩余资助资金。"事前立项、事后补助"的项目，验收通过后一次性拨付立项补助资金。

（七）技术产业化

各级工程研究中心、企业技术中心分别对技术产业化转型有不同额度资助。

二、核心技术、品牌和商业秘密保护，提升市场竞争力

适龄企业：0~100 年（此处 100 年为虚指，企业发展志在长远，故以 100 年为记，下同）。

（一）核心技术及产品保护

对绝大多数科技型企业而言，核心技术和产品是市场竞争力的根本来源，也是企业得以长久经营且营利的保证。根据技术类别、产品形态、行业现状不同，企业可以通过专利、著作权、技术秘密等方式对核心技术和产品进行保护。

当行业发展较为成熟，存在垄断技术或者专利壁垒，新进入者多采取规避式专利布局。立项前及产品上市前开展充分检索，必要时启动专利自由实施分析（FTO），避免重复研发或者"应知"侵权。

当行业处于发展早期，在同业竞争者较少或者技术新颖程度较高时，企业属于先驱者，多采取前瞻式、多点式、扩展式的产业布局。基于合理预测和合理成本，企业对未来可能的研发应用热点、底层技术方向提前布局、多点占位，并尝试使各专利方案之间勾连互补形成较难绕过的一整套技术包，提升行业话语权，有利于未来估值。

当行业诉讼多发，或存在实力相近的同赛道竞争者，企业可以对标特定竞争者的技术产业研究现状进行攻防布局。例如，针对我强敌弱的技术分支优先布局专利，以制衡竞争对手、压缩其自由空间；敌强我弱或敌我均强的技术分支，可以寻找对手的布局漏洞，抢先申请专利，或者针对竞争者特定技术的衍生方案、应用场景采取围堵式布局。此外，联合上下游、产学研寻找替代解决方案，也有利于加快研发、提升竞争力。必要时启动FTO，避免重复研发或者"应知"侵权。

总体上，科技型企业的专利布局思路可以概括为核心技术重点布局、衍生技术适当布局和外围技术选择性布局。

在选择企业核心技术及产品知识产权保护策略时，应当考虑企业当前具体需求、所处行业竞争现状，以及技术、产品形态和预期成本，合理选择专利、著作权和技术秘密的不同方式进行保护。

（二）品牌保护

品牌包括名称、标志等直接可见的部分，也包括品质、信誉等不直接可见的部分。其中可见部分可通过商标、著作权和外观设计专利进行保护。

品牌保护对于面向消费者市场的企业尤为重要，可以成为企业持续经营能力的来源。

三、风险规避、合规建设，为 IPO 铺路，帮助企业行稳致远

适龄企业：0～100 年，提前规避风险、储备风险预案和提升风险抗性。

（一）防范知识产权侵权和被侵权

对于科技型企业而言，围绕核心技术和产品知识产权的攻防贯穿企业生命的始终，企业应当维护自身合法权益，同时避免不正当竞争、不故意侵犯第三方的知识产权。

（二）知识产权管理体系贯标

根据《企业知识产权合规管理体系　要求》（GB/T 29490—2023）要求，梳理企业知识产权管理现状，策划以企业现有知识产权管理体系为基础，贴合企业知识产权需求的系统化管理流程。

完成知识产权管理体系贯标，一方面提升企业知识产权管理能力，另一方面也是企业知识产权管理水平的有力证明。

（三）上市前知识产权风险排查

IPO 是企业发展的重要节点。对于创新型企业而言，知识产权是 IPO 的绝对核心，也是监管审查的关注焦点。企业通过 IPO 申请走到公众面前，将其知识产权暴露于大众之下，承受来自资本的打量和竞争对手的窥探。

将知识产权合规和风险排查工作前置，有利于加快 IPO 上市进程，降低企业在上市期遭遇知识产权狙击的风险，提升企业风险处置和反应能力。

（四）持续知识产权风险监控

高速成长的企业必然受到多方关注，与其被动等待挨打，不如日常监控、查漏补缺，做好竞争性资产布局和合规管控，未雨绸缪、掌握主动性。

风险与机遇共存，企业通过充分准备，增强企业面对风险事件的处置能力、动态调整能力，对稳定企业市值、积累企业信誉，亦有助益。

第二部分　布局与储备

系统观念下企业知识产权的价值定位及实现路径初探*

赵 星

企业对知识产权的价值定位，直接影响企业知识产权工作目标方向和管理重点。笔者尝试利用系统观念和系统思维方法，分析知识产权系统的功能和结构等，探讨不同类型企业知识产权核心价值定位，以期对企业知识产权管理有所启发。

一、企业知识产权价值的内涵

企业知识产权价值即知识产权对企业有什么用的问题，体现在方方面面，不同企业有不同需求。有的源于企业发展的真实需求，有的源于政策导向引发的非市场需求（如排名、资助、考评等），且不同类型、不同发展阶段的创新主体对知识产权价值的认识与考量各异。例如，对于专利的价值，社会各界还没有完全达成共识。一些人申请专利仅满足于获得授权证书，有很多企业对知识产权保护的认知仅限于各类资质申报、评价、评奖等活动中的被动要求，对知识产权的理解限于"数量"，而对于用知识

---

* 该论文原载于《石油科技论坛》2023年第42卷第4期，经论文作者同意将其录入本书，原则上保持成文时的研究状况。

产权"做什么、怎么用"仍然模糊。此外，一些企业更为关注知识产权的经济价值评估、知识产权制度的价值、相关政策环境下知识产权能给企业带来的"好处"等。这里所述的企业知识产权价值，指的是由作为价值客体的知识产权的本质属性决定的知识产权功能对作为价值主体的企业的作用和意义。

（一）作为价值客体的知识产权与相关概念的区别

企业知识产权的价值取决于知识产权的本质和企业对知识产权功能和作用的需求。知识产权作为一个概念，应反映其定义的事物的本质属性，以便明晰与其他相关事物的区别与关系。在探讨知识产权的价值时，首先应明确作为价值客体的知识产权，与知识产权制度、知识产权保护的科技成果等相关概念的区别，避免谈论或说明知识产权能够带来的价值时，实际所指的却是设立的知识产权制度的价值或知识产权保护的科技成果的价值，如常见的用来说明专利运用成效的发明专利产业化率、专利实施率等概念，就泛化了专利的概念，混用了专利和技术的概念。

知识产权是市场经济条件下赋予权利人的一种民事权利。以专利为例，权利人有权排除或禁止他人制造、使用或销售该权利保护范围内的科技创新成果，但法律并没有授予专利权人自由实施或独占实施专利技术的权利。相反，专利权人在实施自己专利保护的技术时，如果该技术是在他人专利保护范围内技术的基础上改进或集成创新的，尤其应注意分析是否需要获得他人允许，避免侵犯他人专利权。

明确知识产权作为"权利"的本质属性，以及该"权利"所具有两个方面的权能，即消极权能"禁止权"和积极权能"处分权"，既是准确认识知识产权这一概念的本质和知识产权在相关概念体系中位置的需要，也是厘清知识产权与知识产权制度、知识产权保护范围内的科技成果等相关事物区别与联系的前提，从而才能以其为基础，在具体环境下构建合理适当的知识产权与科技成果的关系，明晰两者之间的分工界限及协同关系。

（二）作为价值主体的企业与相关利益主体的区分

知识产权作为"禁止权"的权利属性客观上决定了其具有的功能。价值虽然源于客体，却不是其本身，价值最终还是取决于主体。明确价值主体是分析、选择和实现知识产权价值的前提。企业作为知识产权的价值主体，内部存在具有不同利益诉求的团体和个人，包括技术研发人员、技术研发项目经理、专业技术领域技术管理人员，以及研发部门、知识产权管理部门等机构。例如，科技创新成果的完成人或发明人，较为关注对其业绩有较大影响的论文发表、项目验收、奖励及职称评审等方面知识产权的申报数量和效率。

因对知识产权价值的认识、所在岗位职责绩效要求以及自身利益诉求不同，企业内部存在对知识产权具有不同利益诉求的主体，需要进行统筹和平衡，尽可能满足不同利益主体的利益诉求。当不同利益诉求存在差异尤其是矛盾和冲突，且无法统一到企业的整体利益上时，应将作为知识产权权利人的企业的需求，而非局部利益诉求，作为首要考量因素。

（三）知识产权价值与相关衍生价值

价值具有多维性，即同一客体相对于主体的不同需要所具有的不同价值。知识产权的价值同样具有多维性，实体企业、非专利实施实体（Non-Practicing Entities，NPE）、科研机构等不同市场主体，甚至同一市场主体在不同情境下或处在不同发展阶段，需要利用知识产权的"禁止权"或"处分权"发挥的具体作用，亦有很大不同。笔者探讨的技术创新主体是以实体业务经营为主的企业，不包括高校、科研院所及非生产专利实体。

同时，在我国知识产权制度发展演进历史进程中以及现实环境下，基于鼓励科技创新、引导重视知识产权的政策导向，我国将知识产权作为科技创新水平的证明或直接奖励资助对象，如专利申请资助、科技奖励申报、职称评定、科研项目验收、高新技术企业认定评价指标，以及地方政府或上级部门专利工作考核或排名指标，使知识产权能够实现直接经济价值（如政府补助或奖励）或者对实现获得科技奖、通过高新企业认定等发挥重要作用。知识产权之所以具有这些功用，首先是假设知识产权所保护的科技成果先进或技术水平高（这种假设并非总是符合实际），知识产权是开展科技研发活动的结果，也是科技成果水平或科技创新能力的证明；其次，知识产权在上述活动中的价值并非直接源于知识产权法律制度宗旨，即并非源于知识产权本质属性的知识产权价值，而是源于激励引导科技创新工作或知识产权工作的政策制度，是知识产权的衍生价值；最后，上述知识产权衍生价值的价值主体不仅包括作为知识产权权利人的企业，还包括发明人、科研项目组、研发部门、知识产权管理部门等。

此外，多年来，在科技创新及知识产权相关激励引导政策的大环境下，难免会演化出一些偏离政策初衷、滥用政策制度、直接追求获取基于科技研发活动结果的知识产权，目的在于用以"证明"可能与自身真实情况不符的科研能力或业绩等，从而导致知识产权价值的异化，或者称之为知识产权的异化价值。

二、系统观念下企业知识产权价值分析

党的二十大报告将"坚持系统观念"作为习近平新时代中国特色社会主义思想的世界观和方法论，提出"必须坚持系统观念。万事万物是相互联系、相互依存的。只有用普遍联系的、全面系统的、发展变化的观点观察事物，才能把握事物发展规律"。系统观念认为，系统是由相互作用、相互依赖的若干组成部分结合而成的，是具有特定功能的有机体。❶

（一）从系统整体性分析企业知识产权的价值定位

一种常见的观点认为，开展知识产权工作的目的是要实现其经济价值，如果完成了知识产权的创造，却没有通过转移转化等运用来实现经济

---

❶ 詹成付. 深入理解"坚持系统观念"[N]. 人民日报，2020-11-12 (9).

价值，知识产权工作就没有价值。虽然有关企业知识产权管理的研究，时有强调，要将知识产权管理工作与企业的经营发展战略有机结合起来，将知识产权管理工作融入企业生产经营活动的全过程，使知识产权管理工作服务于企业的整体发展战略。例如，《企业知识产权管理规范》（GB/T 29490—2013）❶ 提出，企业知识产权管理的首要原则即是要统一部署经营发展、科技创新和知识产权战略，使三者互相支撑、互相促进。但在实践和认识中，却较为普遍存在脱离具体企业经营发展、科技创新等具体情况，企业对知识产权功能的需求，只是单纯地强调知识产权的高效益运用。如有观点认为，知识产权运营居于知识产权管理系统的核心地位，如何有效地萃取知识产权的商业价值，使企业知识产权资源转化成显性的企业利润和现金流，不仅关系到企业知识产权管理机构的存在价值，更关系到企业赢得创新所得，获得和保持持续竞争优势。

整体观念是系统概念的精髓。系统内要素的目标、质量和功能，要素之间的关系，都必须服从整体的目的，它们共同实现系统整体功能。企业知识产权系统与企业生产系统、销售系统、人力资源系统、物资采购系统等一样，从属于整个企业系统，其主要功能或价值定位要服从于整个企业的发展目的和需求，而非脱离企业整体系统需求和环境，去实现知识产权的价值。正如时常有人诟病科技工作"只花钱不挣钱"，脱离企业这个更大的整体系统去谈企业科技系统的价值一样，也常见脱离企业整体系统目的和需求，认为"不能把专利放在抽屉里"，以及单纯强调所谓的专利实施率、专利产业化率等情况。

在系统观念下，知识产权不是孤立的要素，知识产权的价值不应脱离企业实际需求而单纯强调直线式直接实现经济价值，而应围绕企业系统整体目的和需求，进而分析、选择满足实际需求的具体措施，通过使主营业务价值增值或支撑保障主营实体业务发展从而实现知识产权经济价值，最终实现企业整体发展目标。

---

❶ 该规范已被《企业知识产权合规管理体系 要求》（GB/T 29490—2023）所代替，并于2024年1月1日起正式实施，特此说明。——编者注

（二）从系统结构与功能分析企业知识产权的价值实现方式

系统的范围或规模应根据研究问题的需要而决定。知识产权是企业科技创新系统的要素之一，这个系统由规划计划、科技项目、科技经费、科技成果、知识产权、科技平台、科技交流合作、技术标准等管理要素或子系统组成，各个要素的功能目标必须服从于科技创新体系整体的目的。

我国企业大多按照科技成果对知识产权进行管理，还没有将其有效融合到其他管理要素之中，或者说没有与其他要素建立有效的联系。按照系统的结构与功能理论，对于一个系统而言，实现系统整体大于部分之和的关键，在于要素之间的关系，在于系统的结构，要素之间的关系比要素的集合更重要。系统工程或管理工作的意义主要在于协调和优化各种要素关系，从而提高系统的总体功能。知识产权作为科技创新系统的要素之一，其主要作用和价值定位应该是支撑保障作为系统整体的企业科技创新工作，具体方式则是建立或优化知识产权与作为核心要素的科技规划计划、项目立项、科技研发、成果转化等之间的关系。

（三）从系统可靠性分析企业知识产权的系统要素关系

一种较为普遍的观点认为，知识产权创造是源头，运用才是目的，类似观点如，知识产权的创造、运用是一个有机的整体，其中高质量知识产权创造机制是基础，知识产权运用机制则是提高其经济效益、社会效益和生态效益的重要保障。❶ 这类认识有两个默认的前提：一是把"知识产权"看作"科技成果"，强调通过使用将创造性成果转化为现实生产力。事实上，知识产权是基于"创造性成果"的一种法律权利，简单来说，知识产权是一种有权不让他人使用权利保护范围内的创新成果的权利，也就是"禁止权"，而法律并没有赋予权利人独占实施的权利，不是"独占权"。因此，作为一种法律赋予的可以限制他人行为的权利，一旦创造出这种禁

---

❶ 吴珂. 高质量创造 高效益运用 高水平运营［N］. 中国知识产权报，2021-11-24（1）.

止权，就在发挥震慑和安全保障作用，也因为具有随时可以禁止他人使用的权利，从而形成对竞争对手的震慑作用和对自身业务、技术或市场的安全保障作用。因此，在行业高端竞争中，知识产权的核心价值，往往不在于"如何用"，而在于"是否有"。二是把知识产权系统的主要要素，即知识产权创造、运用、保护之间的关系，默认为串联关系。也就是首先要创造知识产权，创造之后才是运用和保护。在这种认识下，知识产权的创造只是第一步，知识产权工作的终极目的或重点，是将创造出的知识产权进行许可或转让等，以实现其经济价值。这种认识同样是把知识产权看作一个孤立的系统，没有将知识产权放在企业科技工作系统整体甚至企业整体发展中去思考其价值。

运用系统可靠性分析，如果将知识产权创造和运用之间的关系理解为串联关系，任何一个要素功能的失效，都会导致整个系统功能发生故障，也就是通常所认为的，知识产权创造之后，只有通过运用才能产生价值。事实上，知识产权子系统的要素创造、运用和保护应该是并联关系，3个要素均有各自功能和价值，仅当组成系统的全部要素都失效时，整个系统才发生故障。将知识产权创造、运用和保护之间的串联关系重构为并联关系，有助于合理定位知识产权的功能。是知识产权创造要素直接发挥价值，还是知识产权运用或保护要素发挥作用，取决于输入知识产权子系统的信息或需求。例如，针对研发活动的需求，关键是创造出高质量的知识产权；针对科技成果转化，重点涉及知识产权的保护。

（四）从系统对环境的适应性重新认识知识产权

系统要获得生存与发展，必须适应外界环境的变化，环境的变化必定对系统及其要素产生影响，从而引起系统及其要素的变化；系统必须适应环境，就像要素必须适应系统一样。在我国企业发展的大部分历史时期，知识产权客观上并非重要亦不迫切，如作为科技实力的体现、科技成果的证明以及创新成果的确权等，由此形成了对知识产权价值的固有认识。

而今，创新驱动成为国家和企业谋求竞争优势的核心战略，知识产的强化保护也已是全球主要市场的新环境，经济社会发展环境的演变和企业国内外市场竞争要素的变化，使知识产权这种可以直接限制竞争对手行为的极具威慑力、杀伤力的权利所发挥的主要作用，已成为保护自己权利范围内的创新成果，演化为竞争与合作工具，以及确保业务和科技创新安全的竞争资源等。近些年，以华为公司为代表的一大批中国高新技术企业，在走向国际高端市场的进程中，遇到的系列知识产权纠纷充分说明，知识产权竞争力是行业领头企业获得全球竞争力不可或缺的前提，知识产权是企业走向国际高端竞争必不可少的竞争资源。

在国内外市场竞争的新环境下，对于处于领先地位的企业而言，知识产权是其保持相对后来者的领先地位的重要工具和竞争手段；对于逐步走向市场领先地位的后来者而言，知识产权是需要储备的确保自身业务发展安全的竞争武器。但我国部分企业尚无经验，也没有提前准备好实现用于市场竞争与合作的知识产权价值，还停留在将知识产权作为锦上添花的荣誉证明或科技实力体现，因而有必要适应环境变化，改变对知识产权的固有印象或认识，重新思考知识产权能为自身企业发展带来的真正价值。

三、企业知识产权核心价值定位及实现路径

价值源于需求，价值具有多维性，需求具有层次性。价值的多维性要求在创造或实现价值时，应对客体的价值作全面考察和理性选择；需求的层次水平是判断价值大小的主要因素（前提条件是对事物本身本质功能的需求，而非对另一事物功能的需求）。分析和选择知识产权的核心价值，必须根据企业整体状况及总体发展目标，选择能够支撑保障企业发展和战略目标实现的知识产权功能。

（一）依据企业的市场和技术地位与发展目标确定知识产权核心价值

作为主要用于市场竞争与合作的一种禁止权，知识产权在企业战略层

面的核心价值,从横向或静态上看,主要与企业的市场地位和技术地位相关;从纵向或动态上看,与企业的使命定位或总体发展目标相关,如图 1 所示。

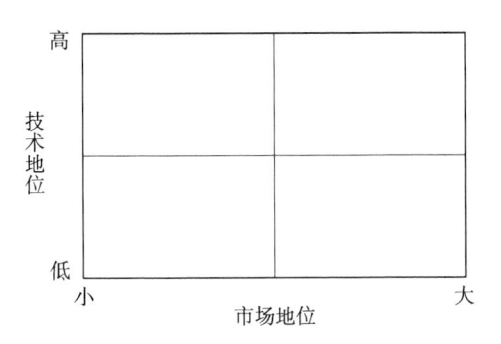

図1 企业的市场地位和技术地位关系

行业内市场地位大、技术地位高的企业,属于行业龙头、领跑企业,主要运用知识产权保持行业地位,尤其是当追随企业逐步威胁到自身行业地位时,龙头企业通过知识产权竞争手段(游戏规则)维持在行业价值链的高端位置。同时,在走向无人区、引领行业发展或决胜未来产业时,提前对可能商业化的技术方案进行知识产权布局,抢占行业竞争制高点。

行业内市场地位大、技术地位相对低的企业,属于市场跟随者、后来者或赶超者。知识产权的核心价值在于作为追赶过程中的防御武器,即确保自身业务发展安全,避免因知识产权而给自身业务发展带来限制甚至失败的竞争资源和反击工具。

市场地位小、技术地位高的企业,属于行业细分市场或核心领域的领导者。关键要用知识产权保护好自身的核心技术,防止自身技术被模仿而丧失在细分行业价值链的高端地位。

市场地位小、技术地位低的普通中小微企业,知识产权并非其核心竞争力,也没必要投入过多资源到知识产权相关工作上,但要遵守知识产权相关法律制度,避免侵犯他人知识产权。

从静态上看,上述 4 种类型尤其是前 3 种类型的企业,对知识产权核心价值的定位各有侧重,但核心价值实现的前提均要有高质量的知识产权。从动态上看，矢志走向行业价值链顶端、成为行业细分市场龙头企业或世界一流的企业，均有必要提前对关键核心技术布局高质量的知识产权。正因如此，有学者认为，要成为大企业，成为世界级企业，必须拥有核心知识产权。没有核心 IPR 的国家，也永远不会成为工业强国。❶

（二）以系统整体效能最优为目标，优化知识产权与企业相关子系统或子系统要素的结构

系统的范围或规模是根据研究问题的需要，不同类型的企业应根据对知识产权的核心价值定位，以系统整体效能最优为目标，构建知识产权在企业系统的适当层级，以及与企业其他子系统或子系统要素的结构关系。对于行业领跑企业，一般将知识产权与企业法务系统、科技创新系统紧密融合，在知识产权与法务系统或法务系统要素、科技创新系统或科技创新系统要素之间，建立合理有效的结构关系。对于追赶企业，应侧重将知识产权与科技创新系统或科技创新系统要素充分融合，运用知识产权保障核心技术能力和知识产权竞争力的提升。对于行业细分市场的龙头企业，在运用知识产权保护好自身核心技术的基础上，应注重构建知识产权与法务系统的结构关系，投入更多知识产权维权资源和能力建设，防止核心技术被模仿失去市场竞争优势。

（三）聚焦重点关键，集中优势资源，助力科技创新核心工作

坚持系统观念，要把握好主要矛盾和次要矛盾的关系。在构建和优化知识产权在科技创新系统中的层级及结构关系时，企业应根据具体情况，重点完善知识产权与科技创新系统核心要素的关系。具体到作为国家科技战略力量的创新主体，尤其是加快建设具有全球竞争力的世界一流企业的央企，当前有必要着眼于科技创新体系整体效能，面向科技创新系统各个要素，优化知识产权与有关核心要素的结构关系，建立和协调知识产权与

---

❶ 夏忠毅. 从偶然到必然：华为研发投资与管理实践 [M]. 北京：清华大学出版社，2019.

科技规划计划制定、重大科技攻关、科技成果转化等核心要素之间的科学合理、高效适用的关系。例如，在科技规划计划、立项及研发过程中，做好专利信息的分析利用；在科技攻关产生阶段成果及最终成果时，及时做好专利、技术秘密、软件著作权等高质量的知识产权布局；在科技成果商业化生产时，做好知识产权风险分析和保护等工作，从而促进科技攻关效率和效果以及科技创新体系整体效能的提升。

在优化完善科技创新系统要素结构关系的基础上，结合当前我国国家战略科技力量面临的形势和重点任务，在知识产权管理资源非常有限的现实下，集中优势资源，面向关键核心技术攻关、原创技术策源地、创新联合体建设等重大任务，充分发挥知识产权提升科技创新整体效能的作用，助力科技创新核心工作高效开展。

浅谈知识产权与科技创新

卢万腾

"问渠那得清如许?为有源头活水来。"创新与发展是人类社会永恒的主题,二者密不可分。企业如果没有革故鼎新、与时俱进的创新精神的"活水",只会因循守旧、抱残守缺,创新与发展就会成为一潭寂寂的"死水",被后来居上者所取代。

一、关于创新

什么是创新呢?上学时老师特别喜欢用一个例子来解释什么是创新,那就是牛顿被苹果砸到后发现万有引力定律。然后大家就会觉得,哇,原来创新就是天降苹果的灵光一现。那么,事实是这样的吗?牛顿真的是被苹果砸到就发现了万有引力吗?

并不是,牛顿在被砸之前就已经对伽利略等前人研究的动量、加速度等确切的定量关系进行了深入的研究,并总结出了牛顿运动定律。换句话说,普天之下无新事,创新的本质并不是灵光一现,也不是靠什么丰富的想象力,而是靠着对过往知识、经验、经历的积累、钻研以及融会贯通。

对个人而言,创新来源于扎实的基本功,来源于长期不断地对学习、科研的时间投入、精力投入乃至资金投入。这个逻辑,放到国家与企业层面也是一致的。那些熠熠生辉的科技成果，无不凝结了无数人辛勤汗水的智力成果。

二、从知识产品到知识产权

由于智力成果所具有的有用性和稀缺性特征，随着商品经济和科学技术的发展，智力成果逐渐演变为知识产品。知识产品具有显著的公共产品属性，个人使用知识产品并不影响他人的使用，任何人都可以共享以某种有形载体形式公开的知识产品。

在人类进入阶级社会以后，知识产品的创造者与使用者之间的矛盾冲突不断增加，由此产生了界定知识产品产权并对其建立相应的无形财产保护制度的客观需要，以便调整知识产品生产的成本与收益关系、防止知识产品的无偿使用或消费情形的发生。于是，以协调和平衡知识产品创造者和使用者之间利益关系的知识产权制度便由此出现。至此，知识产权开始与创新深度绑定，成为衡量组织或个人创新能力的重要指标之一。

根据世界知识产权组织（World Intellectual Property Organization，WIPO）发布的《2022年全球创新指数》的相关数据，我国的创新指数排名从2017年的第22位提升至2022年的第12位，整整上升了10位，稳居中等收入经济体之首，是排名前30位中唯一的中等收入国家，同时是世界上进步最快的国家之一。❶

在知识产权创新质量方面，2017～2022年，我国累计授权发明专利253.1万件，年均增长13.4%，累计注册商标2770.5万件，年均增长29%，著作权、植物新品种、集成电路布图设计登记量也屡创新高。❷

2020年，中国研发投入为24393.1亿元，占国内生产总值（GDP）比重为2.4%，虽然比重排名不是很高，但绝对值排名已经位列全球第二，

---

❶ 汪子旭.《2022年全球创新指数报告》：中国排名连续十年稳步提升［EB/OL］.（2022-09-30）［2023-08-26］. https://baijiahao.baidu.com/s?id=1745349353025901319&wfr=spider&for=pc.

❷ 赵竹青. 2021年我国每万人口拥有高价值发明专利达7.5件［EB/OL］.（2022-01-12）［2023-08-28］. https://m.gmw.cn/baijia/2022-01/12/1302760158.html.

仅次于美国。由此可知，国家对科研的重视也使得企业逐步加大对研发的投入，能有这样的成绩，源于我国坚持不懈地在科研领域的投入。❶

三、企业的科技创新

在科技创新浪潮下，我国涌现了很多优秀的科技企业，比如华为公司。华为公司作为一家科技创新型企业，对技术创新的重视自是不在话下。根据 2021 年数据显示，华为公司从事研究与开发的人员有 10.7 万名，约占企业总人数的 54.8%。2021 年，华为公司的研发费用支出为 1427 亿元，约占全年收入的 22.4%，2011～2021 年累计投入的研发费用超过 8450 亿元。❷ 根据 2022 年欧盟工业研发投资排行榜的数据，华为公司在 2021 年的研发投入在全世界所有相关企业中排名第二位。❸

在持续高强度的研发投入下，华为公司的技术成果累积十分丰厚。那么，怎么才能体现"技术积累"这 4 个字呢？专利数量就是其中一个比较好的量化指标。1995 年，华为公司申请第一件中国专利；1999 年，申请第一件美国专利；2001 年，申请第一件欧洲专利；2008 年，首次在 WIPO 的 PCT 专利申请中排名第一位；2021 年，华为公司在欧盟申请专利 3544 件，排名第一位，同年，华为公司获得授权的美国专利数量首次进入排名前五位。❹

根据 WIPO 发布的相关报告，2021 年，华为公司在 WIPO 申请专利数量达到 6952 件，较 2020 年提升 1488 件，位列全球第一，这也是华为公司

---

❶ 魏玉坤. 2020 年我国研发经费投入突破 2.4 万亿元 [EB/OL]. (2021-09-22) [2023-08-26]. https://www.gov.cn/xinwen/2021-09/22/content_5638740.htm.

❷ 蒋均牧. 1427 亿元！华为 2021 年研发投入再创新高 占比收入 22.4% [EB/OL]. (2022-03-28) [2023-08-26]. http://www.c114.com.cn/topic/3542/a1191927.html.

❸ 佚名. 2021 欧盟产业研发投入记分牌公布：华为投入超 174 亿欧元升至第二名！[EB/OL]. (2022-01-17) [2023-08-26]. https://m.thepaper.cn/baijiahao_16334237.

❹ 毛卫星，张云山. 华为发布第四届十大发明，可帮我们手机信号更强，还能帮汽车智能驾驶 [EB/OL]. (2022-06-08) [2023-08-26]. https://baijiahao.baidu.com/s?id=1735065812804325696&wfr=spider&for=pc.

第五年位列 WIPO 专利申请数量第一名。截至 2021 年，华为公司在全球共持有有效授权专利多件，90% 以上专利为发明专利。❶

华为公司在其专利许可业务汇报中也提到过，起初华为公司申请专利多是以防御为目的，后来，通过不断吸纳全球产业链的创新成果，坚持开放式研究与创新，华为公司在 5G、第 6 代无线网络技术（Wi-Fi 6）和音频视频编解码等领域已经形成了高价值专利包。申请专利，恰恰是华为公司重视保护自己与他人知识产权，遵循国际规则和惯例的创新与知识产权价值观的体现。

那么，华为公司具体做了哪些方面的科技创新呢？自 2015 年起，华为公司定期举办"十大发明"评选活动，活动的宗旨是对未来有潜力开创新的产品系列、成为产品重要商业特性、产生巨大商业价值的发明或专利技术，给予及时的肯定和奖励。同时，鼓励突破、营造创新文化，促进产品与技术创新。比如在评选活动中获奖的鹰翼折叠屏技术，已经应用到了华为公司的折叠屏手机当中。

在 2021 年第四届"十大发明"评选活动中，也有 11 个专利包获得了"十大发明奖"，其中有 2 个专利包并列获奖，具体包括：①Blade AUU 基站天线极简部署与室内分布式 Massive MIMO 方案；②大幅提升算力的高效能乘法器和加法神经网络；③确定性 IP；④基于多目标博弈的智能驾驶决策方案；⑤风筝方案；⑥高清、大画幅创新 AR-HUD 解决方案；⑦数智光分配网 DQ QDN；⑧存储全局均衡扩展可靠 AA 集群方案；⑨鸿蒙网络聚合加速与内存扩展；⑩动态频谱共享 5G Single Air 方案；⑪基于迭代的全精度浮点单元。

由此可知，华为公司的创新已经不囿于移动终端领域，而开始辐射与其技术相关的方方面面。其中，基于多目标博弈的智能驾驶决策方案，已经在某汽车品牌上进行商用，该汽车在自动驾驶状态下通过十字路口和窄道的表现，虽然有一些瑕疵，但基本的自动驾驶逻辑特别像一位"老司机"。这

---

❶ 周昊. 华为起诉亚马逊侵害专利，曾称需构建合理收费基准 [EB/OL]. (2022-10-26) [2023-08-26]. https：//baijiahao.baidu.com/s?id=1747735548517176398&wfr=spider&for=pc.

其实也就是多目标博弈技术的亮点,它实际上解决的就是各级自动驾驶在面对类似窄道或十字路口等强交互场景时多物体交互决策的问题。

让机器学会"自主决策",不仅是自动驾驶领域的难题,在整个人工智能领域,"决策"难题也是让产学研界专家头疼的存在。华为公司的多目标博弈技术,除了解决自动驾驶中的决策问题,该项技术及其衍生技术,在人工智能领域也会有非常广阔的应用前景。华为公司在汽车领域的积累不是只有多目标博弈这么一个技术,这项技术更像是一个结果,而不是诱因,实现多目标博弈背后的软硬件体系才是重点。

华为公司自2015年大规模进入汽车领域以来,陆续申请了1000多件专利,这些专利涵盖了三点系统、激光雷达、毫米波雷达、座舱系统、自动驾驶算法和刹车系统。结合华为公司自身在信息与通信技术(information and communications technology,ICT)领域多年的深厚积累,华为公司基本上掌握了一套完整的智能化汽车解决方案,俗称"全栈式解决方案"。❶

值得一提的是,华为公司对于人才的态度。在被美国制裁后,华为公司卖掉了荣耀终端有限公司与超聚变数字技术有限公司,业务方向甚至是组织架构都发生了巨大的转变,但唯独没有改变的是华为公司对人才的重视。

自2019年起,华为公司开始了"天才少年计划"。曾获得菲尔兹奖的法国数学家洛朗·拉佛格(Laurent Lafforgue)于2021年加入华为公司,入职华为公司拉格朗日数学计算中心,掀起热烈的讨论。华为公司不仅与全世界多所高校和研究机构建立了合作关系,更关注与合作大学的资金投入,目的就是让更多的人才、更多的创新成果快速进入华为公司。❷

时至今日,华为公司仍然在科研上投入大量的资金,在创新的道路上不断开拓。

---

❶ 集微网. 全球自动驾驶专利排名:百度第一 华为第六 [EB/OL]. (2022 - 11 - 07) [2023 - 06 - 10]. https://tech.ifeng.com/c/8Kij1uiFosN.

❷ 佚名. 华为徐文伟:2021年华为在大学合作上投入27亿元人民币 [EB/OL]. (2022 - 05 - 31) [2023 - 08 - 22]. https://www.163.com/tech/article/H8NR4K1E00097U7S.html.

四、企业创新与知识产权

在过去，企业对于知识产权资产建设的积极态度较多地源于政策激励而非自驱力，然而社会总体的量变引起质变，当知识产权保有量越来越多并逐渐参与到市场活动中时，企业逐渐感受到了知识产权的重要性。

2021年9月，中共中央、国务院印发了《知识产权强国建设纲要（2021—2035年）》，对企业有非常明显的指导意义。当企业的知识产权资产建设工作走到成熟阶段，应该关注自身的知识产权资产优化，从而实现对知识产权资产的运用。企业应该向内审视自己，其处在知识产权资产建设的哪个阶段？应该朝哪个方向努力？这些问题不仅需要企业以更高远的目光去考量与决策，而且需要更专业的人才去支撑战略的落地。企业面临的主要问题在于内部构建知识产权团队时缺乏专业指导，从而需要付出较大的时间成本并承担相应的风险。而当目光转向外部寻求专业团队支撑时，则会发现这是知识产权服务业的又一个巨大挑战。虽然常规代理服务在企业知识产权资产建设阶段工作中给予了巨大的支持，但传统代理服务尚不足以在资产优化和资产运用中给予企业足够的专业支撑。

提到知识产权，很多人会想到知识产权保护，围绕专利、商标、著作权的申请、侵权来做工作。企业应该从经营维度来保护知识产权，专利、商标、著作权的事务只是其中的模块。企业应针对创新的实际需求，从被动化为主动，一方面有助于企业有效保护创新成果并形成最优的商业价值组合；另一方面能有效管理和控制各类侵权、合同违约、劳动关系、治理架构和各类商事活动中的风险。

企业知识产权建设可以从以下三个方面着手：一是全维度，企业应以知识产权布局思维建立高价值的知识产权资产组合；从企业经营角度组合知识产权竞争工具；以强化品牌、提升形象、打击对手、控制上下游；以合规治理思维建立有成效的风险管控体系，包括侵权、违约、劳动用工和公司治理等各类型法律风险。二是全方位，企业应树立全类别一体化思维，综合统筹考察各种知识产权工具，有效提升业务质量，避免片面追求数量导致的资源浪费和漏洞短板。三是全程化，即企业应遵循 PDCA 循环，以质量管理的路径，不断提升知识产权的创新水平和商业价值。

对于企业来说，资产建设和风险管理无疑是企业知识产权工作中的重中之重。

（一）资产建设

所谓资产构建，就是构建企业自身的知识产权资产。如果将壁垒比喻成防守森严的城池营垒，是企业必须攻克的对象，那么知识产权资产就是企业攻打这座城池的武器。要解决企业发展过程中所遭遇的知识产权壁垒，就是要最大可能削弱他人的防守，最大限度强化自己的进攻。

从实践来看，具体的资产构建可以从自研产出、资产购买两个角度来进行。

自研产出在研发型企业的知识产权资产中占有绝对比例，也是企业知识产权战略制定的重要部分，主要涉及产品开发和技术研究两个模块。在针对自研产出的新技术方案进行布局的时候，特别强调以业务战略为牵引，结合商业思维进行全面布局。同时，也强调知识产权的全生命周期质量管理，从挖掘到最终授权的每个环节都进行严格把控，并以知识产权的切实应用为工作导向。

与自研产出的知识产权保护更倾向于保护己方知识产权不同，资产购买更倾向于通过许可、收购等措施，从外部获取资源来补充企业的知识产权资源。

通过恰当的许可或收购，身陷知识产权侵权困境中的企业可以在短时间内克服自身知识产权资产不足的劣势，已具有一定保护格局的企业也可以进一步扩大自己的知识产权城池，形成更有效的知识产权壁垒。根据目的的不同，许可或收购可应用的场景也十分多样，是一种非常灵活的资产配置方式，但是其缺点在于，这种方式下可用的知识产权资源是有限的。同时，对于身处不同发展阶段的企业来说，其在许可收购时能够用于谈判的筹码也不尽相同,其结果的可预测性也会有很大的差别。

(二) 风险管理

由于各个企业自身特点及所处行业特点的不同,各企业应对知识产权壁垒的强度也各有不同。但对于风险管理,总体可参考市场竞争情况、知识产权强度、技术成熟度这三个维度。

需要指出的是,企业所处的发展阶段、可配置的资源、业务战略目的等,在一定程度上会影响企业的风险策略。随着企业的发展,对风险的防范意识、所采取的应对措施会发生变化,这种变化也会直接影响企业对风险的认知。

在发展初期,企业遇到的知识产权风险可能会落实在具体的产品上,在应对时需要用专业的态度去处理风险专利。

在发展中期,企业经历了市场竞争和压力,其应对除了需要解除具体产品上的风险,还需要考虑这种风险对市场竞争所带来的影响,对于风险专利的处理方式,也会较发展初期有明显变化。

在发展后期,企业制定了长期的商业战略,其不仅要考虑产品和市场竞争,而且要考虑到对未来的商业战略会产生何种影响。最终的决策结果需充分考虑知识产权在各方面的影响,是一种风险和收益平衡后的结果。

浅析高价值专利在企业运营活动中的价值塑造

孙宇轩

随着国家的良性引导，不管是企业、高校、机构还是政府，都开始重点关注高价值专利。每个主体对这一概念的呈现和阐述均略有不同，例如笔者所在的企业称为"核心专利"，有的主体称为"核武器专利"等。尽管概念可以抽象并统一，但是从实际来看，对不同目标和主体，"高价值"的定义还是有所区别。例如，高校关注的可能是更纯粹的创造性价值和前瞻性价值，政府关注的可能是社会驱动能力和调控能力。

在讨论高价值专利之前，笔者先明确高价值专利的定义。高价值专利是指在技术、商业和法律等方面都具有高价值的专利。这种专利通常指的是具有重要技术创新、广泛的市场应用前景和较高的商业价值的专利。在2021年发布的《"十四五"国家知识产权保护和运用规划》中，对于高价值专利的描述为经国家知识产权局授权的符合下列任一条件的有效发明专利被称为高价值专利：①战略性新兴产业的发明专利；②在海外有同族专利权的发明专利；③维持年限超过10年的发明专利；④实现较高质押融资金额的发明专利；⑤获得国家科学技术奖、中国专利奖的发明专利。在2022年广东省市场监督管理局发布的《高价值专利培育布局工作指南》（DB44/T 2363—2022）中，对于高价值专利的定义为：能够为创新主体或产业产生高商业价值的专利或者专利组合。

笔者希望通过从所在企业以及行业专利使用的情况，来分析企业关注的高价值专利特征以及价值塑造。

一、高价值专利的价值形成——打造阶段

由于专利的全生命周期都是专利价值塑造的重要过程。因此，笔者希望从专利的打造阶段介绍高价值专利的形成过程。

（一）专利目的性

专利打造过程中，目的性是首当其冲的影响因素，并且影响力会伴随这件专利及未来延续完整的生命周期。从企业长期运营角度来看，专利申请前的目的确认，就已经能够对专利的价值和质量形成明显影响。

很多企业都有过一个"冲量"申请专利的阶段。很多还没有开始经历专利诉讼或直观竞争的企业，可能也会陷入一种误区——专利越多越好，对自己产品的保护越全面越好。但是企业忽略了一个问题，专利是对应产品使用的，而自己的专利并不会直接作用于自己的产品（当然，关于从招投标等角度的支撑作用和技术宣传作用，会在下文中进一步讨论）。换言之，专利对申请主体的主要作用，是对其竞争对手的限制和"威慑"能力，并用这种能力，反哺申请主体的产品，为其产品创造更大的市场和商业空间。

这样就不难看出不同主体有不同的申请目的：①全面呈现专利技术方案，彰显技术能力；②选取部分关键技术方案或与竞争对手通用的技术方案，广泛防止竞争对手进入市场或者为已经注定的市场竞争提供"武器"；③有针对性地锚定一家或数家竞争对手，有针对性地进行专利打造和布局。

企业可以从上述目的中调取合适的案例或者布局思路。从笔者的专利实操角度来看，不同的专利目的性带来的不仅是经济资源、人力资源上的广泛变化，更是专利申请倾向和专利申请文件撰写、审查倾向的显著调整。

（二）专利雕琢度

专利授权率是专利代理师撰写质量和能力最主要的考核指标之一，但从企业 IPR 视角，即便依旧认为授权是专利价值的起点，但获得授权范围才是企业 IPR 真正关注的核心。

进一步来讲，笔者提出的专利雕琢度，其实就是专利说明书的呈现。

从专利权的行使角度来看，其专利申请文件的重点聚焦在权利要求，但是从专利打造阶段来看，专利说明书合适的公开范围反而是能够影响专利及其布局效果的关键。

例如，美国油气领域某老牌企业在多年前就开始布局电驱压裂领域的专利，并先后申请了多件专利。而人们一旦开始深入研究该公司的专利布局和价值时，就会发现其说明书重复使用率较高。所以，企业在母专利的打磨阶段，说明书就已经要为后续的专利家族延伸进行充分考虑。

当然，面对不同国家的引用制度和专利法限制，专利说明书的使用原则也不同。例如，面对国内比较严格和谨慎的专利延伸要求，专利说明书不能过度公开，否则不仅会造成权利流失，而且会影响自身后续的专利申请和权利获取。

上述公司有若干母专利，在案件审理过程中，其因为一个"高压"（high pressure）概念在权利要求书中形成了范围限定，但说明书里没有进行充分描述，所以被法院判定为不清楚（indefinite），直接影响到了其所述专利及延续申请（continuation application）专利的稳定性。虽然其后续通过美国的部分延续申请（continuation - in - part application）进行了说明书补充和保护范围调整，但因为内容是后续加入的，会影响其专利的优先权日，对其权利的稳定性和使用也会构成重大的消极影响。

在专利说明书清晰恰当的前提下，进一步讨论的才是权利要求的价值打造，即保护范围与目的相适应的大原则。

在企业进行专利申请密集的阶段，难以避免地存在最终授权但是保护范围已经无法使用的案件。这些案件从宣传角度来看虽然依旧能够成为组成要素之一，但不论是容易规避还是直接覆盖方面都限制不了竞争对手的产品，并最终导致专利的价值直线下降。在推进专利打造的过程中，企业IPR实际上对专利价值承担的责任更大，专利代理师存在信息掌握不全面的问题，企业IPR可以通过专利权利要求保护范围以及有效的布局判断，直接决定对应专利的价值。

例如，某专利的权利要求中将所述柱塞的冲程确定为一个具体的数值。在笔者入职企业前，一直认为把这种具体数值写进独立权利要求，代表了该专利已经失效。但是在从事企业知识产权管理工作后才发现，虽然这是一个具体数值，但这个数值恰好是这个行业的常用数据，甚至是需求数据，用小范围反而能够带来行业内的有效保护范围。这种基于行业特殊性而产生的"以小博大"的内容限定，不仅专利代理师难以识别，而且在做权利要求范围争夺的时候也难以实现。只有企业IPR在对行业深度了解和综合分析的基础上，才能够达到上述效果。

（三）专利成族

在单件专利完成范围确认、公开确认等筹划之后，在申请专利之前就是专利成族设计的阶段了。在此之前，笔者调用5G行业标准必要专利进行了一个初步内容的统计。其中，在美国的标准必要专利家族中，平均每个家族至少有5件专利，而中国的同类数据仅为2件专利。这一点与布局国家范围、国家法律法规限制有关，也与企业布局思路有关。我国的专利引用会导致前案无效，但不意味着无法构建专利家族。从说明书的部分共用，到权利要求有侧重地保留和筛选，都是构建专利家族的方法，更不用说能够通过PCT等渠道进行深入的多维度引用甚至多次引用。在我国构建专利家族实际上也是具有可实施性的。

专利家族不局限于宽度一个维度，也可以在时间维度上构成延伸。随着商业发展以及领域内专利申请人都在进行规避设计和技术路线选择，难免会出现随着技术路线变化，专利保护范围预期与产品实际不匹配的情况。面对这种情况，对未授权专利的分案也会成为构建专利家族的一个有效手段。当然，这时候就回到了前面提到的问题，即说明书中如何进行描述、描述到什么细节程度、如何混用中心限定和周边限定原则。构筑符合使用需求和延展需求的折中限定方案，也成为专利家族构建的又一限制和基础。

综上不难看出，在专利打造过程中，明确的目的性是专利价值体现的基础，从单件专利的打造到专利族和专利池，脱离目的性都无法实现。而目的性作为商业秘密的组成部分，大多数企业是不会全盘拱手给合作的律师事务所或专利代理机构的，这种"信息留存"也就成了企业 IPR 责任和动力的来源以及能力的体现。

二、高价值专利的价值体现——使用阶段

基于前文价值打造，如果有幸在经历了与专利竞争对手研发实力的博弈，经历了与专利审查员保护范围限定的博弈等诸多"战役"，最终获取了一件甚至一族高价值专利，紧跟而来的就是如何体现出这些专利的价值。

在开始具体阐述观点之前，笔者需要提出一个核心观点，所谓知识产权，先是"权"，后是"利"。

从企业运营的角度，其关注的是专利行权阶段带来的显性价值（大多以直接经济收益或利益为体现），而忽略了专利作为"权"的隐性价值。虽然不管是从案例角度，还是工作聚焦角度，企业 IPR 都需要关注专利的获利能力，但更需要强化专利权在企业认知中的地位和重要性。

（一）非竞争性质的价值体现

在笔者所处的油气行业，专利环境相对和谐，所有企业都会申请专利，但并不是所有企业都会积极拥抱专利的竞争性获利，而是更多的基于最终端客户的调控，将专利的使用重点体现在招投标的过程中。这时候，

与其说是专利实体带来的价值,倒不如说是专利"名分"带来的价值,对专利内容的要求相对弱化(因招投标而异,此处仅作普适性描述)。从潜在角度来看,专利是加分项;从少数显性角度来看,高价值发明专利授权能够带来"独家"的特权,基本再无二致。

上述价值在专利稳定布局以及持续布局的情况下,其实很难被察觉,专利信息整理就像是招投标整理标书过程中的一个正常环节在推进,但如果将专利抽离,便能够看到其中的专利价值。

换言之,这种非竞争性质或基于弱竞争性质的价值,通常都是在"缺失性比较"的情形下才能够体现。

(二)竞争性质的价值体现

不管是商业角度的谈判、协议还是司法角度的诉讼、许可,各大行业的侵权判赔额屡创新高,典型案例和复杂案例比比皆是。此处,笔者无意列举和分析成功案例或典型案例,但在工作中有两个方面的思考,供读者参考。

1. 关于"不能后悔"的问题

专利的使用,基本处于开弓没有回头箭的状态。一旦开始,不管选择的是什么专利、发起的是什么行动,沉没成本都会快速累积。但与上述行动同步进行的是专利在不断公开或授权,基于专利公开的滞后性,很容易在企业团队中形成一种类似后悔的情绪,尤其当对手公开了更为合适的标的。

企业 IPR 作为项目的推进者或执行者,此时的判断就需要慎重且坚定。一旦自身的态度开始模糊或者动摇,难免会导致结果大打折扣。笔者所在的企业团队曾提出"要打就一定要打疼,要打赢"的工作目标,便是上述观点的一个体现。每一件专利案件,都要以不留反悔余地的思路来筹划和准备,要不就不动,要动就要不达目的不罢休。

2. 关于企业 IPR 的参与度问题

不同企业 IPR 对于案件的参与度,或者说对不同案件的参与度必定是不同的。资源充足的，可能会亲力亲为一些；资源不充足的，可能委托外部机构作为内容主导，自己作为审核方和决策者。

其实到案件跟进的阶段，不管是专利申请阶段还是运用阶段，企业IPR面临的压力都是相似的，一方面是参与程度，另一方面是能否从行业专业角度找到如前文所述"以小博大"的关键点。

综上所述，笔者希望通过一些工作感受和体验，探讨在专利价值产生和利用的过程中，作为企业IPR能够为专利价值做出什么创造性劳动。专利看似是技术问题，实际上是法律问题；看似是法律问题，实际上是商业问题。在实操过程中，有专业的专利代理师和律师来聚焦法律问题层面，有专业的咨询企业和商务决策者来聚焦商业问题层面，而企业IPR的位置，更像一个黏合剂，将关键技术点加入法律层面，将法律层面的思考引入商业层面，从而形成后端对前端的反哺。

希望笔者所述内容能够为读者提供一些思考的契机和引子，面对国内外知识产权工作的变革和发展，留给企业IPR的挑战和机遇不胜枚举，希望与各位读者携手，共推时代洪流！

皇冠上的明珠

——发现及培育高价值专利

谢佳航

随着国家对知识产权的定位提升,知识产权已经成为我国非常重要的国家性战略。这不仅对知识产权从业人员的工作能力提出了更高的要求,而且对技术专利提出了新的标准,例如对实用新型专利进行必要的创造性审查等。笔者就对企业经济价值产生重要影响的高价值专利展开具体论述。

一、高价值专利的定义

一千个人眼中就有一千个哈姆雷特,高价值专利就其本质而言,可以概括为人类社会技术价值和企业经济价值两种。换言之,高价值专利既可以存在于天生具有硬核技术的半导体等领域,也可能存在于日常生活用品等领域。

具体而言,基于社会技术发展的维度,硬核技术具有高价值的社会属性,可以推动人类技术的发展甚至工业革命。但就参与市场经营活动的企业维度,能够快速产生经济效应的常规技术改进比硬核技术更有吸引力。笔者认为,促进市场经营活动的专利技术能够更加直接有效地改善社会大众的生活体验、促进人民生活水平的提高。

二、高价值专利与企业的关系

企业的高价值专利，需要满足给企业快速创造价值并快速变现的先决条件。即高价值专利应该在企业研发、生产、制造、销售的产业端发力：①在研发端应具有一定的技术差异性；②在生产端可以改善制作工艺、组装成本、降低组装难度；③在制造端能降低模具的难度、控制成品率；④在销售端能够降低退货率、降低差评率。结合这些维度，进一步对有专利价值的技术进行排序，从价值角度由低到高排序。首先是研发价值，其次是生产价值与制造价值，最后是销售和市场价值。

（一）研发价值

按字面理解，即为前端研发人员在自主研发设计过程中，基于对产品的理解和市场竞品的调查研究，而作出的将某些技术通过改进的手段运用到企业主营产品时所创造的价值。专利研发价值具有一定的前瞻性，但存在与用户需求并不完全对应的缺陷。因此，其实际市场价值需要经受市场的考验。

1. 采用行业内标准的方式挖掘研发过程中的高价值专利

例如，从产业链和技术链的角度进行价值发现，具体可以从技术创新项目所属产业、所属技术领域进行相对宏观的分析，提升对技术理解的整体层次，并考虑技术创新点本身和技术创新点在产业链、技术链上的地位、作用和价值，才能确认专利技术在多维度进行布局，而非单一的散点专利。

2. 从现有技术对比出发，聚焦差异和贡献进行专利挖掘

一般而言，专利技术离不开对现有技术进行全面检索分析之后的支撑，专利的新颖性和创造性要求，其根本在于要求该技术创新对于现有技术所取得的技术进步和技术贡献。可见，在专利挖掘中，一定要立足现有技术，找出创新的技术方案与现有技术的差异，并聚焦该差异，确定技术创新方案对于现有技术的真正贡献。此外，还可以从培育完善专利组合的角度进行价值专利挖掘。价值专利挖掘不仅是对散落整体技术解决方案之中的、具有实质性技术贡献的孤立技术点的挖掘，更重要的是通过全面充分的挖掘，培育建立起相互支持、相互补充的专利组合。对于其技术创新点，应当区分主次层次，要分清楚哪些技术创新点是核心技术，哪些技术创新点是基础性技术或外围技术，进而确定每一件专利技术的作用及其重要性，分清核心专利、基础专利和外围专利，以便在后续的专利维护和管理中制定不同策略并进行有效管理，甚至作为重要的专利资产进行运营管理。

3. 从尽早识别专利风险的角度进行专利挖掘

此类一般称为规避型专利技术，在专利挖掘过程中注重专利风险的早期识别，以及进行早期技术方案调整、技术方向改变或者采取技术手段替代等。

由此可知，在研发价值的技术中挖掘高价值专利，侧重点在于技术本身，比如技术的升级、性能的提升等。但是在笔者实际遇到的情况中，对于消费类产品而言，用户更侧重的是使用体验，而与技术难度无关，甚至会出现背道而驰的极端情况。例如，由于复杂功能的手机支架的受众少，而傻瓜式的手机支架因操作简单而受到市场欢迎，因此，围绕复杂功能的手机支架所布局的技术专利，其市场价值基本难以变现。

（二）生产价值和制造价值

生产价值和制造价值是在产品完成预研之后，在项目落地的过程中，由项目技术人员、工厂、模具人员对其中的结构、功能以及后期的生产、包装甚至货运过程中，可能出现的问题所采用的技术手段。这些技术手段主要包括两个方面：一方面是要求对预研出来的产品进行结构变更、技术变更。换言之，生产端认为某些预研的技术过于天马行空，由此可能带来产品不良率高、难以出模、结构强度稳定性低、工艺难以实现、现有技术手段难以实现或者实现的成本非常高等。另一方面是基于预研产品的二次开发,以降低成本或者利于某些特定的安全规范标准的技术方案。

对生产、制造所采用的技术方案进行挖掘,而企业知识产权管理人员较少接触产品生产制造过程,也比较少了解生产、制造工艺的技术手段所带来的专利价值。笔者从产品物料清单(BOM)表、售价、利润等多个维度进行调研发现,每个工艺、结构件的成本远远大于知识产权授权许可的费率,因此挖掘生产、制造过程中的技术专利,使其上升为比研发价值更高的高价值专利,应该是消费类产品、电子类产品的企业知识产权管理人员工作的重中之重。在生产、制造过程中,可以通过技术挖掘以及技术方案所带来的技术效果的逻辑关系,使部分可能是人工参与的技术流程转为必要的技术专利。例如:①零部件的生产加工、基于订单的内容和要求进行的适应性的生产调整与设计;②考虑零部件生产和产品整体组装;③外部采购部件的标准与否及由此带来的自身下游产品的配套性修改,组装方法、特定需求的产品;④生产方法在生产步骤、流程、环境的方案调整、上下游辅料的选择;⑤产品所要销售的地区存在的环境性要求及所对应的选料方案等。

(三)销售和市场价值

笔者作为电商知识产权从业人员,对由销售价值所带来的专利价值的体验尤其深刻。

首先,跨境电商一般是小商品,售价偏低,加上分摊运营推广成本,利润率在5%~15%,相对较低。因此,一般是依赖销售量获得生存空间,从而出现耳熟能详的"9.9元包邮"。

其次,在跨境电商中,商品的尺寸、包装的尺寸、包装的体积等变化,都能带来具体的利润差值。

最后,电商领域一般需要专门的仓储,例如亚马逊专用的仓储。因此,产品库存、退货率、差评率,决定了产品是否能盈利以及其生命周期的长短。对应地,销售价值中的高价值专利,隐藏在可以解决差评、退货率、体积等几个重要的隐性领域。

能够解决差评、退货率、体积等几个重要的销售难题，甚至成为解决销售危机的专利技术，不可避免地会成为价值最高的专利。这部分的技术挖掘，主要围绕如何解决用户差评中的用户体验问题、产品质量问题、产品故障问题、产品操作问题、产品性能问题等进行设计的细节技术改进。例如，某塑胶电子有限公司关于自拍杆的折叠凹位的设计所形成的金奖专利，该方案看起来简单，但是，为何同类竞品基本要使用该专利技术，甚至明知道侵犯专利权仍要继续使用呢？这是基于产品的销售价值所带来的必要选择：一是折叠后体积小，二是用户在使用过程中该折叠凹位能够更好地折叠并方便携带。这些商品自带的属性决定了产品必须如此生产，否则在电商领域会被同类产品秒杀而没有生存空间。

基于对研发价值、生产价值、制造价值以及销售价值的技术专利对比分析可以推出，在企业经济价值的高价值专利中，企业得以生存才是王道。而能够解决企业生存的必然是销售价值最高的专利，销售价值一般与用户需求相对应。因此，企业经济价值的高价值专利的核心是以用户需求为导向，围绕用户需求进行技术迭代更新，并对技术进行必要的充分阐述，进而得到创造性相对稳定的实用新型专利，成为企业经济价值的皇冠明珠。

三、结　语

在完成高价值专利的发现后，需要对高价值专利进行重点培育。通过对已定位的专利进行技术的持续分析及技术效果的持续优化，使其在产品中持续得到推广使用。同时需要在专利无效、专利授权中持续进行深化，通过对专利技术的包装和推广，使其成为主营产品的标配，使同行竞品主动沿用专利技术，使高价值专利对市场产品的覆盖率达到30%以上，从而可以间接地对被覆盖的竞品进行专利授权许可并收取合理的许可费，或通过质押融资获得企业快速的贷款，最终将高价值专利从企业的重要无形资产转为可高效变现的有形资产。

专利分析工作中重点专利筛选指标推荐

林坤坚

国内越来越多的企业正在凭借高质量的发明专利铸就实力，走向世界。专利工作重点由"注重数量"增长向"提升质量"发展转变，专利分析特别是重点专利分析筛选成为企业工作重点。

2022年5月，液晶屏幕制造商京东方科技集团股份有限公司（以下简称"京东方公司"）发布了8K超高清有机发光二极管（OLED）屏幕，这是世界上第一款8K超高清屏尺寸的产品，该产品上正是运用了高价值专利。

其实，类似京东方公司这样重视专利的企业还有很多。那么企业在进行专利分析的过程中，如何从一大串专利清单中，筛选出特定企业或技术分支的重点专利方案进行分析，是绕不开的问题。

笔者所说的重点专利是一个相对概念，重点专利是相对于一般专利而言的，可能是取得技术突破或者重大改进的专利，或是涉及行业技术标准的基础专利，或是发生专利诉讼的专利等。

其实在专利分析过程中，可以通过构建筛选模型，基于专利内部衡量指标和专利外部衡量指标筛选所有专利清单，找到对应的重点专利。基于分析目标的不同，需要采用的具体指标和对应的指标权重均可调整。而在实际分析工作中，由于客观条件所限，并不是所有的企业IPR或者机构工作者都具备构建自动筛选模型的能力。

因此，笔者希望从自身从业经验出发，推荐部分衡量指标用于重点专利筛选。

一、专利内部衡量指标推荐

专利内部衡量指标是指可直接通过著录项目或者大数据分析直接获得的专利自身的指标，无须阅读专利内容就能得到。

（一）专利家族情况

进行多国专利布局的成本较高。专利同族数量越多，企业的申请费用支出也就越多。一般情况下，企业都会倾向于将较为重要的技术在其涉及的多个国家和地区进行布局，以提升全球知识产权竞争力。因此，通过专利家族情况，不仅可以了解该专利的地域布局情况，以及该专利技术的改进情况，而且可以了解企业对于该专利技术的重视程度。

（二）专利被引用次数

专利被引用次数越多，代表该专利技术对后面技术发展影响较大；若其后引用的专利的技术领域较宽，代表该专利的技术适用范围较广。

采纳引证次数的缺点在于一般提出年份较早的专利其被引证的概率就越高，进而容易遗漏近年来新提出的重要专利。为了尽可能消除不同专利时限带来的影响，需要引入同时限专利文献的平均被引次数作为参照。此外，我国许多专利没给出引用信息，或引用信息不能检索，这也是专利引证用来评价重要专利时需要考虑的因素。

（三）是否存在异议、无效及诉讼

很多申请人认为申请专利的终点就是获得专利授权，而笔者认为专利授权只是开始，专利运营和维权活动才是专利存在的意义。专利异议、无效及诉讼既耗钱又费时。如果一件专利经得住被异议、无效及诉讼，代表着该专利技术存在一定的价值，是本领域内的重要专利。

（四）发明人信息和专利权人信息

发明人信息和专利权人信息可通过判断发明人是否为对应领域的重要技术人员，或者判断专利权人信息是否与企业并购或者合作研发相关来确定。

若某一领域由几家企业垄断，表明这几家企业的专利技术代表了本领域的发展方向，其专利技术在本领域的重要性就越高。同样地，某一企业具有某一重要创造人及其带领的团队，其占有率高的企业的重要创造人及其团队的专利的重要性就相对越高。当然，由于其他企业可能会申请一些外围专利，市场占有率不高的企业也会申请一些核心或重要专利，因此这只能作为筛选重要专利的标准之一。

（五）专利维持年限

专利维持年限也称为专利年龄，是指专利授权后至今已消耗的保护时间。一般情况下，专利维持年限越长，需要支付的年费也就越高，也一定程度上代表着专利权人重视该专利。

（六）权利要求数量和说明书页数

权利要求限定了专利的保护范围。一件专利的权利要求越多，所能够保护的技术方案也就越多。说明书是对权利要求的解释和说明。说明书页数越多，一般情况下技术方案也就越完整，更加有利于后续的维权和诉讼。

（七）技术路线关键节点

技术进展路线中的关键节点所涉及的专利技术不仅是技术的突破点和重要改进点，而且是在生产相关产品时很难绕开的技术点。通常技术路线关键节点文献的消失，会促进本领域的技术人员对该专利进行重要改进，或对该领域的其他相关技术作相应的改进。因此，技术关键节点的文献，也是判定该阶段专利重要性的一项重要指标。

（八）其他专利

例如政府资助专利、许可专利等，由于其受到政府的资助，可能涉及该领域前沿技术或者能够满足企业需求，而受到产业界的认可。

二、专利外部衡量指标推荐

专利外部衡量指标是指目标专利与各类外部事件的相关性指标。

（一）是否与行业标准相关

包括是否属于行业基础专利、是否引用基础专利、发明人是否与基础专利存在重合或者部分重合。

（二）对应产品的市场情况

应用了该专利技术的产品是否为热卖产品、是否为主要营销宣传的产品。由于热卖的产品往往会带来可观的经济利益，与之关联的专利技术也是其他企业的技术规避重点。

（三）是否存在合作研发

是否由多家重点企业或者研发机构合作研发并共同申请。一般情况下，需要多家重点企业或者研发机构协同合作研发的技术方案，其研发难度较大，研发成功后的专利重要性也不言而喻。

（四）与外部政策相关性

不同时空下，外部政策是存在差异的。例如，由于国家大力支持新能源行业，因此对应领域内相关的专利技术可以得到更多发展。相关专利技术也可以重点关注。

以上的衡量指标是笔者个人比较推荐的重点专利筛选指标，应该强调的是，在每次重点专利筛选时，建议企业根据实际的需求进行适当选用，并非一成不变。

总而言之，专利分析是为了向企业呈现特定企业或技术领域专利技术在不同维度下的特点和信息，而重点专利分析只是专利分析的一部分。

特别是企业重要目标市场上专利布局比较密集的申请人，企业应该对其专利进行全面的分析，再对竞争对手有重要商业价值的产品可能的发展方向或薄弱环节进行布局。就算企业没有自身的产品，也可以将其作为自身增强专利战中的筹码，在与竞争对手谈判、交叉许可时提高成功率。

为了在未来的产品更新换代、技术升级、产业变革中继续保持和提升企业的市场竞争力，或谋求在某些领域取得专利控制地位，或以参与下一代行业标准的制定为导向而提前进行的专利的"跑马圈地"，在技术经过一定的发展，以及在商业化初期或即将商业化的时候，企业都可以通过申请专利参与行业标准的制定，或是根据专利分析或市场分析等结果，预测下一代产品的发展方向，为保持长期的行业领先地位进行储备性的专利布局。

创新型科技企业专利挖掘方法

胡 明

知识产权2.0时代的竞争，是以知识产权战略为基础的商业竞争。创新型科技企业，要把知识产权特别是专利作为一个重要的企业资产来经营，就必然需要有规划、有布局的专利申请和挖掘。

专利权是一种专有权，这种权利具有独占的排他性。非专利权人要想使用他人的专利技术，必须先依法征得专利权人的同意或许可。而专利作为创新型科技企业知识产权的重要组成部分，在企业发展中起着十分重要的作用。因此，有效挖掘专利并实施专利布局，不仅可以从多方面为企业的发展创造更多的价值，保障企业在激烈的市场竞争中稳步发展，而且是企业规避知识产权风险，提升市场核心竞争力的必然之举。

一、什么是专利挖掘

专利挖掘是指在技术研发或产品开发中，对所取得的技术成果从技术和法律层面进行剖析、整理、拆分和筛选，从而确定用以申请专利的技术创新点和技术方案。简言之，专利挖掘就是由特定需求产生的创新点并根据专利布局要求和专利战略而形成专利申请的过程。

专利布局是指企业综合生产、市场和法律等各方面因素，对专利进行有机结合，构建严密高效的专利保护网，形成对企业有利的专利格局。专利布局是专利挖掘的进一步延伸，其专业性更强，涉及的领域也更广。

二、为何进行专利挖掘

专利挖掘是企业科研人员对于新专利进行深入探究，发现专利创新点，并且根据这个创新点进行深挖，以了解专利创新所涉及的范围，并通过举一反三，对创新点进行升级，帮助企业获得新的创新技术。

第一，通过专利挖掘，可以更为精准地把握企业技术创新成果的主要发明点，对专利申请文件中的权利要求以及组合进行精巧设计，既能保证有关专利权利要求的保护范围扩大，又能保证专利权利要求的法律稳定性，提高了专利申请的综合性品质。

第二，通过专利挖掘，对技术创新成果进行全方面、充分、有效性的保护，全方面梳理并把控可能具有专利申请价值的各主要技术点以及外围的关联性技术，防止出现专利保护的漏洞。

第三，通过专利挖掘，站在专利整体布局的高度，运用核心专利和外围专利进行组合，建立严密的专利网。一方面，培养巩固企业本身的核心竞争力；另一方面，与竞争者建立有效性对抗甚至在有关技术要点上构成反制。

第四，通过专利挖掘，尽早发现有威胁的重要专利，有助于企业进行规避设计以规避专利风险。简言之，针对企业来讲，搞好专利挖掘，有益于实现其法律权利和商业收益最大化、专利侵权风险最小化的总体目标。

三、如何进行专利挖掘

（一）专利挖掘的考量因素

1. 企业产品的市场占有情况

随着企业产品市场占有率的扩张，技术模仿者大量出现，同时由于影响竞争者的利益，因此专利纠纷出现的概率也会随之增多。如果知识产权积累的规划没有跟上，可能会对企业的发展产生不利影响。因此，随着市场占有率的提升，有必要增加专利申请的数量、提高专利的技术覆盖范围并完善保护性专利布局。

2. 企业未来的专利定位

如果企业的专利定位仅仅是用来防御，保护自己的产品以便更好地进行市场拓展，那么专利的积累只要和产品紧紧结合即可，不需要有太多前瞻性申请和储备性申请。如果企业的专利定位是实现专利许可、授权，甚至作为诉讼标的，则需要注重专利挖掘和部署一定数量的具备行业控制力的专利。

3. 企业研发人员的数量和研发投入

由于专利的产出源泉是企业研发团队的技术创新能力，因此专利申请量的规模要与技术人员的数量形成一定的比例，以免造成专利质量下降或专利保护流失的情况。企业在其重点项目上往往会投入较大的研发资源，这些项目的成功与否也关乎企业未来的生存。对这些重点项目，在专利布局上要加以侧重，保证专利申请的数量和质量，优化专利组合的结构，形成有效的专利保护和专利对抗能力。

4. 企业的市场扩张情况

企业需要根据未来几年市场的扩张情况来确定专利的积累量以及部署地域。例如，当需要增加产品种类或准备进入某个地域时，相关的专利布局也需要及时跟上，保证满足基本的保护效果，当企业的产品种类和销售地域相对比较恒定时，企业的专利积累在数量规模上也应趋于稳定，且更加关注结构的优化调整，避免消耗企业成本。

5. 行业专利分布现状和变化情况

行业内专利的分布现状在一定程度上反映了该领域受到的关注度和风险分布状况，从其变化情况可以了解行业的发展动向。企业应根据行业总体情况来调整自己的专利申请量、增长率以及专利部署的结构分布，以维持企业的专利竞争地位。例如，当某个技术领域的专利申请量增长很快的时候，企业自身在该领域的专利储备量也可适当调整增长速度；当行业整体的专利申请量和增长率下降时，企业需要考虑出现该情况的原因并重新审视自己的专利布局规划。

6. 竞争对手的情况

专利布局的目的之一是与竞争者在专利上达成一种势均力敌或者略占优势的状态。为此，企业需要参考其主要竞争对手的专利储备现状和变化情况以及其产品和市场扩张情况来制订企业的专利布局方案，确保企业具备足够的专利对抗筹码。

7. 产业的发展阶段

在不同的产业发展阶段，专利竞争态势和未来的市场预期不同，相应的专利布局重点也会有所差异。例如，在产业的发展萌芽期，企业专利布局的重点是及早对一些基础性技术和共性技术进行专利申请，完成专利圈地。在产业的成长期，企业专利布局的重点是在重要的技术应用和改进方向上占据一定的优势地位。在产业的成熟期，企业专利布局的重点是根据市场状况对专利的数量、结构分布进行调整，并对可能的替代性技术和产品进行储备性专利部署。

除了上述这些基本的考量因素，企业还要注意自身所处发展阶段对专利挖掘的需求，例如：①初创期企业要注重专利的积累，并进行防御性专利和基础专利的申请，做好全面保护；②成长期企业要留意并深挖核心专利，进行适度扩张；③稳定期企业要做好专利的整体布局，加速专利的积累，并准备应对专利诉讼；④持续发展期企业需要对自身专利进行精细化管理，开展专利的许可与运营；⑤行业巨头则需要把主要精力放在完善知识产权制度、制定标准方面，形成生态链。

（二）专利挖掘的准备清单

1. 了解专利挖掘的成本

专利挖掘的成本主要包括人力成本、资金成本及成本控制等。人力成本主要指根据任务指标，确定为实施专利挖掘投入的研发人员数量和时间。资金成本主要指内部人员培训费用、奖励制度、专利申请和维护的费用。成本控制主要指根据项目预算采用有效手段对成本进行控制，以实现最大化的效益。

2. 确定专利挖掘的目标

明确挖掘的技术领域和目标，确定挖掘的重点和方向。首先，明确要分析哪些技术领域是竞争对手的薄弱环节。其次，对所选择的行业进行检索，例如名称、申请人、申请日期等，对所要分析的技术点进行调研，包括现有技术的现状、存在问题及改进建议；对所选的行业内的企业进行实地走访，以获取第一手信息。最后，在检索和分析的基础上确定目标。

3. 落实专利挖掘的人员

落实参与专利挖掘的人员名单，以及人员各自分配的任务。

4. 选择合适的专利挖掘方法

根据专利挖掘的目标、任务和人员等因素，选择合适的专利挖掘方法。此外，根据实际情况，可以采用多种专利挖掘方法相结合的方式，以便更好地确定专利挖掘的目标。

5. 形成专利挖掘清单

将挖掘出的专利按照一定的规则进行整理，形成一份可供后续参考和分析的清单。一般来说，专利挖掘清单的内容主要包括：名称、申请号、申请日期、申请人、技术领域、类型、摘要、权利要求、技术特征、法律状态、技术领域相关技术、申请人相关技术，以及技术点相关技术、技术点在领域中的重要性与市场应用情况等。

(三) 专利挖掘的原则

第一，前瞻性：配合企业未来的技术、产品和市场的发展战略制定专利挖掘方向。

第二，合理性：与自身的研发能力、人员配置、商业竞争、产业现状相匹配。

第三，针对性：针对特定的竞争对手、地域以及技术领域的热点与空白点布局。

第四，价值性：应围绕高价值专利（包括技术价值与撰写质量）进行专利挖掘。

第五，系统性：不是离散的若干专利，而应是有内在联系、围绕产品与技术的组合。

第六，全球性：具备全球视野，综合考虑全球范围产业竞争与转移情况，以及配合产品出口地区与竞争对手商业竞争情况，展开全球专利战略布局。

(四) 专利挖掘的流程

第一，专利调查：结合技术、产业及市场调研成果，进行专利调查。

第二，确定挖掘方向：结合前期专利调查结果，进行产品与技术的分解，确定挖掘方向与目的。

第三，初步规划：根据竞争对手及自身情况，选择对抗、保护或储备策略，制定初步规划。

第四，有序挖掘：在确定重点布局的情况下，有序安排专利挖掘与专利申请工作。

第五，实施与调整：监控年费、专利运营、制止侵权行为等。

(五) 专利挖掘的方法

1. 从项目任务出发

从研发项目出发，找出完成任务的组成部分，分析各组成部分的技术要素，找出各技术要素的创新点，根据创新点总结技术方案，逐级拆分。

首先，以技术剖析为挖掘基础。由于企业开发的研究项目具有复杂性特点，针对基于研发项目的专利挖掘，需要做到层层解析和解读。即按照研发项目需要达到的最终技术效果或者架构进行，并对技术创新点逐级进行拆分，直至每个技术点都有可取之处。这种拆分侧重分解和细化，以达到梳理技术分支、把握技术要素、明确创新节点的目的。其中对于大型研发项目，需要涉及不同领域的不同理论和制造技术，对于研发项目的外延，涉及采购、生产、市场、知识产权等因素。

其次，注重每个环节的研究重点。企业的研发项目除了复杂性特点，还具有系统性，即从项目的概要设计、详细设计到零部件的样品打造、组装、生产等都属于项目的研发范畴。因此，企业在研发项目涉及的每个环节都应给予重点关注，并提取符合国家高新技术企业认定标准的专利信息。

最后，列出完成任务的主要组成部分，分析各组成部分的技术要素，找出各技术要素的创新点，根据创新点总结技术方案。

2. 从核心技术点出发

首先，以技术标准为主。在一些特定的领域，例如移动通信行业、视频监控行业，技术标准的制定是企业进行专利挖掘的重要驱动因素，能够将专利申请布局在行业技术标准中，有助于企业更好地执行战略发展意图，同时在应对侵权纠纷时减少举证的困扰。

其次，以技术改进为主。这类专利挖掘通常用于企业的"补救型"专利布局。实际操作中，一般先通过专利工程师对企业现有全部专利或某一业务板块的现有专利进行系统盘点，寻找企业在当前专利布局中的漏洞或缺口，并将这些漏洞或缺口作为专利挖掘的突破点，在技术研发人员的协助下逐步形成完整的技术方案，从而完成专利挖掘以及后面的专利布局工作。

最后，以完善专利组合为主。对目标专利进行整体分析，分析目标专利主要创新点及权利要求，分析目标专利的实现方案，寻找替代方案、改进方案、包围方案。

3. 研发过程中辐射的技术

以某硬件设备研发过程为例，如图 1 所示，其原理设计可形成基础专利，优选方案、关键部件可申请核心专利，而弃用方案可以成为防御性专利。其中的装配方法、专用设备、电路结构、控制逻辑也可以申请相关专利。

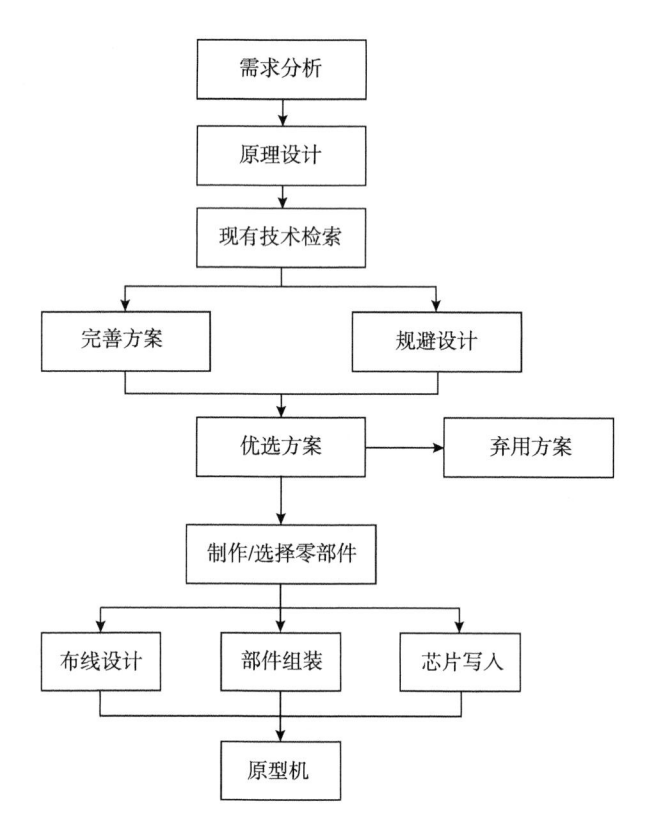

```
需求分析
  ↓
原理设计
  ↓
现有技术检索
  ↓
完善方案 / 规避设计
  ↓
优选方案 → 弃用方案
  ↓
制作/选择零部件
  ↓
布线设计 / 部件组装 / 芯片写入
  ↓
原型机
```

图 1　某硬件设备研发过程

以某软件产品的开发过程为例，如图 2 所示，其中业务流程以及指令集、操作系统（OS）、读写控制、中断处理、文本音视频处理、加密解密验证算法、数据建模、机器学习等编程实现过程可以形成核心专利；界面设计可以申请图形用户界面（GUI）外观设计专利；测试方向也可以申请相关专利。

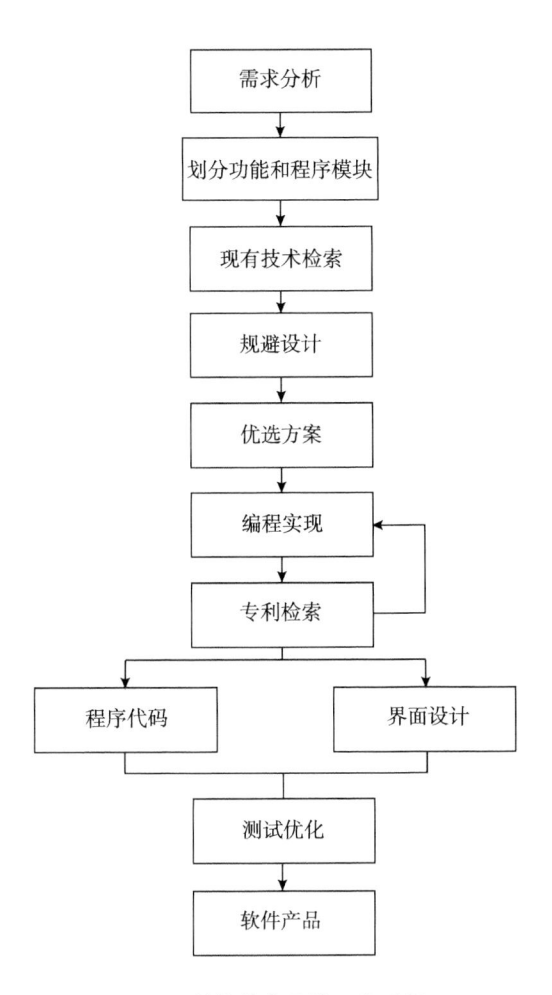

```
需求分析
   ↓
划分功能和程序模块
   ↓
现有技术检索
   ↓
规避设计
   ↓
优选方案
   ↓
编程实现 ←┐
   ↓      │
专利检索 ─┘
   ↓
程序代码   界面设计
       ↓
    测试优化
       ↓
    软件产品
```

图 2　某软件产品的开发过程

总之，专利的挖掘和布局是专利申请的重要环节。随着市场环境的变化，企业需求也在慢慢进行转变，从基本的单一申请向综合知识产权服务方案转变。在挖掘专利中也不能按照以前的技术交底书模式进行单一挖掘，而是要有更大的主动性，结合产品的市场、卖点、创新单点等各方面因素进行技术点的梳理和拓展。

申请发明创造前应考虑的问题

李 杰

专利权是受法律保护的一项重要财产权利。一方面,专利权作为以知识为核心的财产,具有重要的商业价值,可以在市场中进行转让、许可,也可作为担保、投资和融资的工具;另一方面,专利权是一项垄断性的权利,作为重要的市场竞争工具,可进攻亦可防御。另外,专利权作为创新的成果,也是企业创业的好帮手。

申请专利时需要考虑其用途,比如是用于市场竞争还是用于高新技术企业,是用于主动攻击竞争对手还是防御性专利。在市场经济时代,"蚍蜉撼树"的逆转不再是神话,专利作为一把双刃剑,抓住是机遇,抓不住则是绊脚石。

一、专利类型的判断

怎么选择专利申请类型,这取决于所完成的发明创造项目主题的类型、所需保护期限的长短和其他一些因素。

如果发明创造只涉及产品外观上的变化,可以申请外观设计专利;如果发明创造只涉及方法和(或)产品用途上的变化,可以申请发明专利;如果发明创造涉及产品在形状、构造或者其组合上的变化,则可以申请发明专利或者实用新型专利。

不能被授予实用新型专利权的发明创造包括：①各种方法、产品的用途；②无确定形状的产品；③单纯材料替换的产品；④不可移动的建筑物；⑤由两台或两台以上的仪器设备组成的系统；⑥单纯的线路；⑦直接作用于人体的电、磁、光、声、射线或者其结合的医疗器具等方面的发明创造。此外，以平面图案设计为特征的产品，只能申请外观设计专利。

如果一项发明创造属于既可以申请发明专利，又可以申请实用新型专利的产品，那么究竟选择哪类专利申请为好呢？这与所欲寻求专利保护期限的长短、专利权可能取得的快慢、申请费用和权利稳定性等因素直接相关。

我国在《专利法》中规定，发明专利的审批程序采用"早期公开延迟"审查制，发明专利权的保护期限为20年；而实用新型专利审批程序采用"先授权，后请求撤销"审查制，实用新型专利权的保护期限为10年。因此，如果一项产品发明创造的完成所需的周期较长，应当考虑申请发明专利；相反，如果一项产品发明创造完成所需周期短，或者说该产品在市场上更新速度较快，可以申请实用新型专利。当然，如果想尽快获得专利权，也可以选择申请实用新型专利这一途径。

所以，拟申请的发明创造属于哪个专利类型，需要结合专利申请的目的、技术生命周期等综合考量。

二、专利性分析

选定了专利类型，就需要考虑该发明创造是否具有专利性。这包括该发明创造是否满足新颖性、创造性和实用性的要求。在新颖性方面，需要确定该发明创造是否已经被公开过；在创造性方面，需要确定该发明创造是否具有突出的实质性特点和显著的进步；在实用性方面，需要确定该发明创造能否产生积极效果。

《专利法》要求的新颖性，是指在申请日之前，没有同样的发明或者实用新型在国内外出版物上公开发表过、在国内公开使用过或者以其他方式为公众所知，也没有发明或者实用新型由他人向国务院专利行政部门提出过申请并且记载在申请日以后公布的专利申请文件中。这样的要求，可归结为非"公知、公用和抵触申请"。但是，从一位实际工作者的角度，如何把握自己的创新实践是在国内外出版物上没有公开发表过、在国内没有公开使用过或者没有以其他方式为公众所知的呢？

检索至关重要。专利申请前进行新颖性检索是十分有必要的。申请人仅以自己掌握的信息来判断新颖性是远远不够的，必须通过信息检索判断发明创造的新颖性，如果检索后发现专利申请不具备新颖性，那么应停止专利申请。另外，通过检索划定专利保护范围，避免专利申请或因保护范围过窄而带来利益损失，或因保护范围过宽而使权利要求不具备新颖性或创造性。

三、商业价值的考虑

说到专利的商业价值，其实很难有量化的指标，只能从专利的技术创新度、市场竞争力和专利的可实施性和商业化潜力来判断。

首先，专利的商业价值取决于其技术创新度。如果专利的技术内容能够解决当前市场存在的技术难题或者带来显著的技术突破，那么其商业价值就会更高。例如，具有独特的工艺或者创新的技术方案，往往能够吸引更多的市场关注和商业机会。

其次，专利的商业价值与其在市场上的竞争力密切相关。如果专利所涉及的技术领域存在激烈的市场竞争，那么该专利的商业价值就会相应增加。在竞争激烈的市场环境下，拥有专利保护的企业能够更好地保护自己的创新成果，提高市场份额和盈利能力。

最后，专利的商业价值还与其可实施性和商业化潜力密切相关。一件好的专利不仅需要具备技术上的可行性，而且需要具备商业上的可行性。即专利所涉及的技术能够在市场上被实施和商业化，带来经济效益和商业利润。

四、市场需求的考虑

由于专利申请的目的是帮助企业建立高质量且有竞争力的无形资产，能有效提升市场竞争力，因此申请专利之前也需要考虑市场需求。

首先，需要考虑市场的规模和增长潜力。如果专利所涉及的技术领域市场规模庞大且增长迅速，那么该专利的商业价值就会更高。因为这意味着在这个市场中，专利所涉及的技术有更大的商业机会和发展空间。

其次，需要考虑市场需求和用户需求。一件好的专利应该能够满足市场和用户的需求，解决其所面临的问题或者提供更好的产品和服务。只有专利所涉及的技术能够真正满足市场需求和用户需求，才能够在市场上取得商业成功。

最后，需要考虑市场竞争和商业机会。如果专利所涉及的技术领域存在较少的竞争对手或者市场上存在较大的商业机会，那么该专利的商业价值就会更高。因为在竞争较少的市场环境下，专利所涉及的技术能够更好地获得市场份额和商业利润。

五、其他考虑因素

（一）优先权要求

如果申请人自发明专利或实用新型专利在国内第一次提出专利申请之日起12个月内，或者自外观设计在国内第一次提出专利申请之日起6个月内，又向国家知识产权局就相同主题提出专利申请的，可以享有优先权。申请人自发明专利或实用新型专利在国外第一次提出专利申请日起12个月内，或者外观设计在国外第一次提出专利申请日起6个月内，又在国内就相同主题提出专利申请的，依照该国同中国签订的协议或者共同参加的国际条约，或者依照相互承认优先的原则，可以享有优先权。

（二）申请方式

如果一项发明将在多个国家申请专利，考虑《保护工业产权巴黎公约》（以下简称《巴黎公约》）途径或是 PCT 专利申请途径。通过 PCT 可以有更长的时间来考虑是否去国外申请专利，PCT 的绝大多数成员国都允许申请人在自最早优先权日起 30 个月或更长的时间内提交申请。申请人有更多的时间去观察市场变化、技术进展和谋求投资等。通过 PCT 申请都会有一份国际检索报告和检索局出具的初步检索意见，申请人可通过该意见对自己的专利申请在其他国家的授权前景有个初步判断。PCT 工作结果可作为专利审查高速路（PPH）的基础，如果国际检索或国际初步审查单位的审查结果显示该专利申请的全部或部分权利要求可以授权，在以后国家阶段是有可能利用该结果使用 PPH 的。通过《巴黎公约》途径，直接向要进入的国家提出申请。《巴黎公约》的重要原则之一是"优先权原则"，申请人在某一个成员国提出申请后，可有 6 个月或 12 个月的时间就是否申请外国专利作出决定。当申请人希望以一项发明创造得到多个国家（一般 3 个以上）的保护时，利用 PCT 途径是适宜的，当申请人仅需向一个国家或少数国家申请专利时，利用《巴黎公约》是较为合适的。

（三）申请风险

发明专利和实用新型专利必须具有新颖性和创造性，所以在技术研发成功后，不要急于发表文章或进行公开，以免在专利申请前丧失新颖性。需要注意的是，我国实行在先申请原则，如果不用商业秘密的形式保护，那么企业应准确地把握申请时机，在申请专利前分析竞争对手的专利情况，做好专利布局。

（四）走快速通道，早日知晓专利申请结果

对于急需参展或将产品投放市场的申请人来说，尽早获得专利权有利于维权、宣传推广和资质认证等。早日知晓专利能否获得授权也能有效降

低企业的损失。

  总之，在追求创新的道路上，申请发明专利是保护和实现自己独特创意的重要步骤。然而，在进行发明专利申请之前，有许多关键要点需要考虑。从技术角度来说，专利类型的选择和专利性的分析至关重要，它关乎专利能否授权。但从商业角度来说，专利的商业价值和市场需求不仅是能否申请专利的核心关键因素，而且关乎企业的市场竞争力和可持续发展。

护肤品中的"专利成分"

黄磊瑜

日常关注护肤的朋友应该都有留意该类产品宣传语中的"专利成分",往往价格不菲的护肤品,都会宣称添加"专利成分"。笔者通过分析一些护肤产品的"专利成分",说明其专利发挥的作用。

一、Pitera

Pitera 的全称为半乳糖酵母样菌发酵滤液,是一种叫作覆膜孢酵母属的特殊酵母在发酵过程中,所提炼出来的一种液体,其声称具有"滋润及保湿功能"。SK-Ⅱ的"神仙水"中含有该成分。

Pitera 含有氨基酸、维生素等物质,呈弱酸性。

Pitera 最早出现在 1979 年日本申请的专利"医用皮肤治疗剂"(medical treating agent for skin),专利号为 JP1986043033B2(期限届满),后续曾在 10 多个国家布局相关专利。

二、玻色因

玻色因的全称为羟丙基四氢吡喃三醇(C-Xyloside)。它是 2006 年由兰蔻（Lancôme）公司研发的一种成分，其声称可用于"皮肤的抗衰老和修复"，且有很多专利文献支撑，赫莲娜（Helena）公司的面霜"黑绷带"中含有该成分。

玻色因最早于1999年在法国申请专利"新型C-糖苷衍生物及其应用"，专利号为FR2770776A1（期限届满），随后在美国、德国、西班牙、日本陆续有布局，但未在中国申请专利。

三、二裂酵母

二裂酵母的全称为二裂酵母发酵产物溶胞物（bifida ferment lysate），被称为"土豪酵母"，其声称可用于"皮肤的抗紫外线和修复"，虽然售价不菲，但在销售市场中较受欢迎。

二裂酵母是经双歧杆菌培养、灭活及分解得到代谢产物、细胞质片段、细胞壁组分及多糖复合体。Bifida ferment lysate的全称虽为二裂酵母发酵产物溶胞物，但其本身与酵母菌没有任何关系，而是其提取工艺和酵母发酵产物溶胞物类似。雅诗兰黛（Estée Lauder）公司的"小棕瓶精华"中含有该成分。

二裂酵母在1982年通过转让取得美国专利"局部皮肤修复组合物"（topical skin repair composition），专利号为US4464362A（期限届满），随后在加拿大、日本、德国等布局专利。

四、产品赢得市场的主要原因

以上产品所宣称的"专利成分"均确有专利，但皆已期限届满。对于已过期的"专利成分"，为何上述产品在销售时未受其影响？

（一）商业秘密与专利的权衡

上述产品的专利仅是有选择的公开其部分技术内容，对其核心较难逆向工程得到的技术并未公开。即使被仿造，也不会在纯度、配比等方面被模仿。

（二）品牌效应

一方面，上述产品的原料往往纯度更高，降低使用者过敏的风险，让用户相对来说更放心；另一方面，产品实验研发成本高昂，在配方研发上投入大量精力、以减少如含有原料杂质等问题产生，提高产品质量，扩大品牌效应。

（三）延续保护

由于上述产品可以在"专利成分"的基础上进行改进或扩展，并申请新的专利，"延续"其保护期限，因此即使产品最早的专利已经失效，其后续的专利也可以在其他层面加强对其技术的保护。

（四）市场需求

虽然上述产品的专利已经过期，不再受法律保护，但因为其"专利成分"被认为具备有效的护肤功能，且拥有广泛的市场空间和市场需求，所以这些失效的专利在上述护肤产品中仍然被广泛使用，这就是产品配方作为商业秘密的价值。

五、"专利成分"发挥的作用

既然专利有效期已过，经营也并未受影响，那该类产品中的"专利成分"真的有必要申请专利吗？答案是肯定的。

（一）独占实施

该类产品的技术并非都是采取商业秘密保护的，对于一些可以通过产品等较容易得到的技术方案，如果被抢先申请专利，这会是巨大的损失。

专利权是一种专有权，这种权利具有独占的排他性。非专利权人要想使用他人的专利技术，必须依法征得专利权人的同意或许可。因此，需要申请专利保护技术，并形成品牌效应。毕竟科研的成本远高于仿造产品，而专利是保障科研成果不被盗窃的基本保障。

（二）品牌宣传

上述产品中的"专利成分"，相当于对外宣称"只有该品牌的产品能产生这种护肤效果"，以促进其产品的销售，吸引消费者注意，提升品牌的知名度。

然而，这类拥有"专利成分"的产品也存在一定的风险。设立专利制度是为了激励发明创造，而非资本垄断。若保护时限太短，研发收益会远低于成本，对科研无疑是一种打击；若保护时限太长，专利权人可能会基于专利的收益而停止创新，这无疑不利于科技的发展与传播，甚至会阻碍科学的进步。

专利以公开换取保护，对于该类产品而言，有效成分并不会像其他技术领域的技术快速被迭代。发明专利保护期限为20年，该类产品的"专利成分"也可能会遇到类似于药企常见的药品专利期限届满后被仿制药抢占市场的风险。

为了保证持续的竞争力，该类产品的生产商应权衡及规划两个问题：一是如何采取有效的手段保护该类产品中的"专利成分"；二是如何延续专利有效保护期限。

解析专利规避的常规方法

蒙祖龙

随着经济的发展和社会的进步，我国在知识产权保护领域取得了令人瞩目的成就。知识产权保护越来越受到重视，知识产权保护已经深入人心，在各行各业发挥着不可或缺的作用。专利是知识产权最重要的表现形式之一，有效地运用好专利，可以作为商业竞争中的"矛"，也可以作为商业竞争中的"盾"。

"如果想要看得更远，那就要站在巨人的肩膀上"，这句话运用在专利保护上依然是成立的。虽然说专利中没有什么巨人的说法，但是在先专利必定阻碍现有企业的商业活动。企业想在市场上争取市场份额，又不想侵犯在先专利的专利权，那么专利规避是较好的选择。

一、关于专利规避

专利规避，又称专利回避，是指企业对涉及风险专利的产品或产品中的某些特征重新进行研发、设计，使其具有差异化的特征，能够区别于风险专利的技术方案，从而消除风险专利的威胁。

简言之，专利规避是一种差异化设计，其核心在于规避专利侵权的风险，本质上仍然属于一种研发行为。

二、专利规避的原则

专利规避的原则包括简化原则和替代原则。

简化原则是指技术特征的减少。减少一个或多个技术特征，使得产品设计的技术方案不同于在先专利的保护范围，避开侵权原则中的全面覆盖原则。

替代原则是指，通过一个或多个技术特征的替代，使得产品设计的技术方案不同于在先专利的保护范围，避开侵权原则中的全面覆盖原则或等同原则。

在实际的生产中，产品设计涉及多方面因素，比如人力、成本、原料、生产条件等。但是专利规避作为前期工作，在整个设计工作中极为重要。如果设计阶段的前期不作好专利规避，就好比一艘船方向错误，永远驶不到目的地。但是，企业往往在专利规避设计时，不知道如何去实现规避。

三、专利规避设计

发现目标专利后，在一般的专利规避操作中，需要对专利的技术方案进行分解，然后对每个技术特征进行逐一研究。独立权利要求的保护范围最大。如果能够规避独立权利要求，基本能够成功实现专利规避。因此，对独立权利要求所保护的技术方案进行技术特征分解，并且确定非必要技术特征与必要技术特征，通过专利规避原则对非必要技术特征进行简化，对必要技术特征进行替代，从而形成新的技术方案。

专利部分规避的手段如表1所示。

表1 专利部分规避的手段

技术特征要素	规避手段	规避原则
技术特征 A 技术特征 B 技术特征 C 技术特征 D	减少技术特征 A、B、C、D 中的 1 个或多个	简化原则
	1. 将 1 个或多个技术特征替换； 2. 将某个技术特征拆分为 2 个或 2 个以上，比如将 D 拆分为 E 和 F； 3. 技术特征中的 2 个或 2 个以上的连接关系发生变化； 4. 配方比例改变； 5. 步骤合并	替代原则

（一）绕开专利保护的地域局限以及时间局限

专利的局限性表现在地域性和时间性上。认识并利用专利的局限性特点，可为企业节省研发费用和时间成本，使企业在市场竞争中获益。地域性是指专利权只在专利申请并被授予专利权的国家或地区才有效。例如，有一件专利虽然在美国、英国等国家或地区获得专利授权，但并未在中国申请专利，则该专利在中国不受专利保护。时间性是指专利权只在专利权处于有效状态的时间内有效。发明专利的保护期限为 20 年，实用新型专利为 10 年，外观设计专利为 15 年。由于一项专利在各国的申请日不同，其保护期限的届满日也不同。从事实上看，并非所有专利都能保护至期限届满终止，部分专利会因申请人主动放弃等原因提前失去法律效力。另外，在目前市场竞争激烈的环境下，还会有一些专利被竞争对手通过专利宣告无效的程序使专利无效。被宣告无效的专利被视为专利自始就不存在。

（二）明确专利实际的保护范围

权利要求书是申请发明专利和实用新型专利时必须提交的申请文件。它是发明或实用新型专利要求保护的内容，具有直接的法律效力，是申请专利的核心，也是确定专利保护范围的重要法律文件。阅读权利要求书，主要是分析技术特征，弄清楚专利实际的保护范围。例如，某位申请人获得了一件有关自行车的专利，而实际上该专利的保护范围只是车把部分。

(三) 制定自己的专利保护策略

除了合理规避竞争对手的专利，企业也要制定自己的专利保护策略。企业专利保护的策略主要包括：①保护自身经济增长点上的发明成果；②提交阻止竞争对手进一步市场扩张的专利；③在竞争对手可能要开发的领域申请基础性专利；④在竞争对手薄弱的环节申请专利；⑤在与竞争对手配套的技术上申请专利；⑥在竞争对手技术的可能改进方面申请专利等。

例如，海尔集团的防触电式电热水器专利（CN1116561C）。由于电热水器在使用时，用电安全是电热水器首要考虑的技术问题，因此该专利的权利要求1指出其作为一种防触电式电热水器，包括外壳、内胆、进出水管、出水衬管和进水衬管，所述的进水衬管为绝缘管，其特征在于：所述进水衬管的绝缘管管体内藏设置于内胆腔中。

根据该专利权利要求1可知，其主要的技术特征包括进水衬管为绝缘管和进水衬管的绝缘管管体内藏设置于内胆腔中。进水衬管的作用是为了延长水路，增加水电阻，起到防电墙的作用。如果规避"进水衬管为绝缘管"，在技术上比较难完成，或者需要付出比较大的成本。所以，可以考虑"进水衬管的绝缘管管体内藏设置于内胆腔中"这一技术特征，能否将绝缘管设置在内胆之外，以此进行专利规避。

所以，电热水器生产商广东万和电气有限公司为了规避海尔集团的专利，提出了一种规避方案：在内胆外设置一迂回水路的接头结构，也能起到隔电墙的作用。专利规避方案附图（一）如图1所示，专利规避方案附图（二）如图2所示。

由图1和图2可知，迂回水路的接头结构设置在内胆之外，也能起到了防电墙的作用，并且安装维修方便，生产成本没有大幅增加。

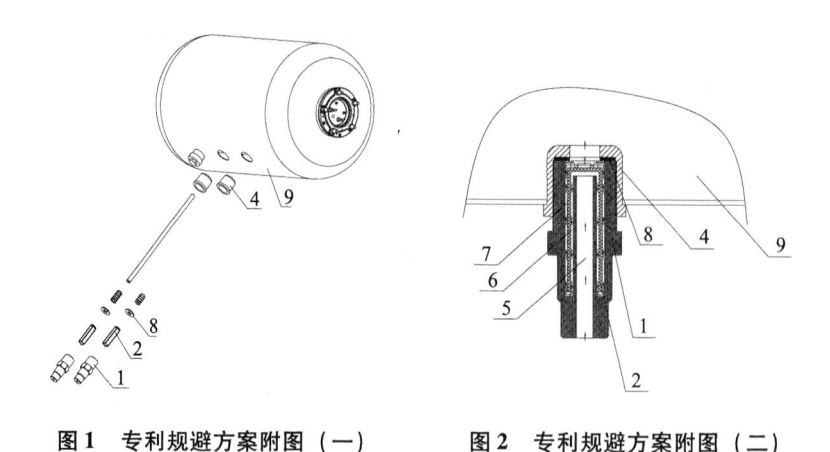

图 1　专利规避方案附图（一）　　图 2　专利规避方案附图（二）

四、专利规避设计流程

专利规避设计流程包括：①确定研发提案主体；②进行专利和技术检索；③分析可自由使用技术，建议技术功效矩阵；④确定规避设计目标专利；⑤确定目标专利的实际保护范围；⑥尽可能提出多种替代技术方案；⑦评价替代技术方案是否进行专利申请；⑧确定优选的规避设计方案；⑨对所有替代方案评估是否进行专利申请；⑩确认规避设计方案进行不侵害其他权利；⑪没有适当的规避方案，对目标专利进行无效分析；⑫产品推向市场时，可聘请司法鉴定所或专业律师出具专利不侵权报告。

对已有专利技术进行合理规避，在其基础上进行改进创新。这对于企业建立专利防护体系以及避免专利侵权纠纷有着重要的意义，也可准确了解竞争对手的发展方向，在其前进的路线上准确布局，抑制其扩张，并为将来的谈判打下基础。

在专利规避实际应用的过程中，实现过程相对复杂，不仅需要分析对手企业的专利分布情况，而且需要调查清楚该企业是否有专利组合，才能确定专利规避方案。

专利布局不再"一招鲜"，专利布局定制化方可价值最大化

程 妍

随着知识产权保护环境和保护意识的不断发展，大多数企业对"专利布局"已经很熟悉，地毯式布局、路障式布局、丛林式布局的概念耳熟能详。

但到了落地环节，大多数企业IPR或专利代理师，还是只能做到专利挖掘。专利布局要考量的产品、市场、产业、法律、技术、竞合等维度，最终不敌企业制度要求的专利申请量、授权量等关键绩效指标（KPI）。

企业在没有专利布局规划指引下进行的专利挖掘，有些技术仓促申请了专利却泄露了技术机密；有些技术没做好扩展，白白给竞争对手提供了创新思路；有些只保护了自己的产品方案，对上下游没有管控，最后同类产品纷纷来低价抢占市场等。

提前规划专利布局在激烈的市场竞争中是不可或缺的，但如果对产业、市场、法律、技术、竞合进行研究，效率又会很低。企业如何从复杂、庞大的布局定式之中找到属于其自身的专利布局之路，首先就要放弃"一招鲜"。

一、专利布局不再"一招鲜"

受困于专利的申请、审查和维权等机制,专利难以给企业带来短期的价值回报。回归企业本质,营收、利润是第一要义,那么专利如何尽快显现其价值,是萦绕在知识产权从业人员心头的疑惑。

在高质量、高价值的大趋势下,很多知识产权从业人员都认识了专利布局。传统的专利布局即综合产业、市场和法律等因素,对专利进行有机结合,涵盖了企业利害相关的时间、地域、技术和产品等方面,构建严密高效的专利保护网,以形成对企业有利的专利组合。

试想让一家芯片企业针对自己的核心技术,在重点市场开展专利布局,综合核心+外围专利,并在全球多国布局,投入巨大的人力财力,技术公开沦为公用,想要维权却发现无法取证,被竞争对手掌握了核心技术后迅速取代。再试想一家小型家电企业,每天花费大量时间和精力研发和布局专利,但其产品的技术含量不高。该企业即使把产品涉及的技术的所有替代方案都申请了专利,规划和布局了产品上市的时间点、目标市场,最后仍然有可能因为其专利技术缺乏新颖性和创造性而无法被授权,导致其前期投入打了水漂。

因此,专利布局没有"一招鲜",不是考量好时间、地域、技术、产品就能得到正向反馈。让专利绽放价值的要义在于要紧随企业实现商业价值的路径,在专利布局上扬长补短,以支撑企业在商业上实现利益最大化。

二、根据企业优势量身定做

专利布局的捷径是紧随企业商业优势。从方法论上来说,应该先分析企业现状,找到企业优势,然后用专利布局支撑企业发挥优势,这样才是专利布局价值最大化的思考路径。

企业的全流程主要是研发、采购、生产、销售，企业可以从这四个方面了解自身的情况。考察企业基本情况的参考维度如表1所示。

表1 考察企业基本情况的参考维度

类别	参考维度
研发	核心技术、前沿技术、成熟技术
采购	供应商、合作模式
生产	生产地、自产、购入
销售	市场、渠道、竞争对手、客户

在了解企业内部情况后还需调研企业的外部信息，例如产业链、专利分析、市场调研、竞争情报搜集、政策环境支持等。企业分析相对优势调研参考如表2所示。

表2 企业分析相对优势调研参考

类别	主要内容
调研	产业情况、专利分析、市场调研、竞争情报等
相对优势	技术、品牌、营销、供应链、知识产权资产等
相对的对象	竞争对手、合作伙伴、客户、供应商、终端用户、上下游等

通过企业内外部信息的调研，可以横向比对行业趋势、企业自身及竞争对手，结合企业商业模式，挖掘企业优劣势。企业分析绝对优势如表3所示。

表3 企业分析绝对优势

类别	主要内容
绝对优势	地域
	时间周期
	发明专利、实用新型、外观设计专利，商标，风险管控，被侵权监控，商业秘密

完成对企业内外部信息的调研，就可以通过专利布局，将企业分析的相对优势转换为绝对优势，利用时间、地域、技术、产品、专利类型甚至专利运营规划，将企业的技术资产、运营优势进行权利固化，对企业的商业优势扬长补短。

三、不同企业类型的定制化专利布局

笔者主要从两种典型的企业类型入手,浅述定制化专利布局的思路。

(一) 消费产品型企业

搞定用户,打压竞争对手,对每一款产品做好全面防御。

消费产品型企业,由于其营收和利润主要来源于终端用户,因此消费品的升级换代往往不在于技术突破,而是基于精准的用户痛点捕捉带来的小改进,加以良好的品牌营销,以及客户群的拓宽。由此可知,良好的产品基础与优秀的用户市场对于消费型企业非常重要。

同时,消费品技术壁垒较低,被竞争对手抄袭是常事,更甚之,如果不做好供应商的管控,产品低价流出、仿造,对于企业都会造成严重损害。

因此,该类型的企业,商业优势主要在于产品功效、用户黏性,而劣势则在于容易陷入同质化。针对这种情况,知识产权布局的策略应当对产品功效做全面防御保护,以及供应链管理。

首先,从产品功效出发,而非产品技术出发,从企业当前的产品卖点、用户痛点延伸的技术方案,适当扩大专利的保护范围,并预想竞争对手可能采用的规避方式。尤其对于成本较低的方案进行全面抢占,高成本方案适量布局,避免由于上游材料、技术等变化造成的方案成本快速缩减。

其次,适当延伸至上游,如果企业研发实在无法支撑,至少与供应商、合作伙伴协商签订关于知识产权归属、知识产权风险、保密责任与义务、禁止合作名单等协议或约定。

最后,消费品技术方案透明度高,即使做好事前的防御,产品上市后还需配合专利运营,以专利侵权诉讼、规避竞争对手专利、交叉许可等方式阻击或削弱竞争对手的竞争力。为此,企业进行专利布局时一定对开展布局的目的有清晰的认识,针对不同运用进行合理布局。

(二) 技术创新型企业

搞定客户,保护秘密,辐射上下游抢占利益点。

技术创新型企业,以技术为核心,但不能将技术公开"裸奔";技术不公开,又缺少显性的资产证明,难以说服客户下单。因此,科技型企业的平衡点,往往在于如何在不公开核心技术的基础上,通过专利获取更大商业利益。而商业利益的落脚点通常在于,一方面凸显技术实力,赢取更多订单,甚至获得投资;另一方面获取市场准入,参与行业竞争。

因此,技术创新型企业的知识产权布局重点往往分为两个层面:第一,合理划分可公开技术和不可公开技术,既保护核心技术不被泄露,又保证企业专利资产储备充足;第二,把握前沿创新、争取纳入标准、掌握产业链关键环节,提升专利价值度。

对于第一个层面,识别、划分技术秘密是核心重点。企业可根据技术核心程度、侵权可视性、反向工程难度,以及参照技术秘密标准、聘请商业秘密顾问等,对企业的技术资产进行分级分类。还可通过研发系统、专利提案系统、文件系统等,将秘密与可公开技术的划分融会贯通,形成良好的保密软硬件基础。

对于可公开、反向工程难度较低的技术,如芯片电路结构、软件应用层逻辑等,审视是否存在他人通过规避设计来绕开企业专利的可能、能否为企业的产品方案和技术成果提供完整的保护、能否获得有效的专利权等方面。以企业自身优势核心技术为出发点,围绕技术的基本方案、该技术在产品中的主要应用方式等建立核心专利保护圈。此外,还可针对技术的重要改进方向、主要应用扩展领域以及关键配套支撑技术提前建立外围专利屏障。

对于第二个层面,作为技术创新型的企业,在新技术层出不穷、市场变幻莫测的环境中,不可能轻松预见技术及市场的发展方向。只有通过细致的前瞻性分析研究,才能了解技术及市场的发展方向,并确定布局方案。多检视自身研发成果中可能对产业进步产生重要影响的共性技术，或多发现可能引领产业发展和市场需求的技术，根据需求部署相关专利。在重点关注技术和产业的发展趋势以及潜在的市场需求的基础上，跟踪技术领先者和产业主导者的研发动向，从中挖掘未来行业核心技术或可能会被提议纳入标准的技术。同时，盘查企业自身产业链结构，向制度高的产业链环节，如上游原材料、下游应用市场积极布局，从抢占专利技术领域开始，向更广阔的市场出动。

对于技术创新型企业而言，研发人员的流动容易造成企业技术资产的流失、技术秘密风险的引入。因此，做好企业人员的入职、在职、离职管理，并通过设置人员、技术、物理屏障等，隔离职务发明、技术秘密侵权等风险，也是技术创新型企业可以与专利布局共同考虑的因素。

四、结　语

专利和专利布局的区别到底是什么？可能大多数人会回答，是微观和宏观、现在和未来、保守和激进，但这都是相对于企业而言的。对于每一位知识产权从业人员，专利和专利布局的区别可能是从被动挖掘到布局规划中独立思考、价值实现、决策自由。

坦白说，专利对于企业来说，保护是基础，竞争是核心价值。有竞争价值的专利才是企业所需要的，而专利布局是实现专利竞争价值的手段之一。

千里之行，始于足下。从被动挖掘申请的企业 IPR，向主动、独立思考的管理者的第一步，可能就是为所在的企业定制好一盘专利布局。企业 IPR 应该为其打下良好的知识产权布局规划的基础，使企业发展壮大。种一棵树最好的时间是十年前，其次，是现在。

从企业"客户名单"信息保护看商业秘密保护

窦鑫磊

我们经常看到企业员工离职带走客户名单,影响企业的经营发展。那么,客户名单是企业的商业秘密吗?从企业运营的角度理解,是肯定的;但从司法解释上理解,不一定。

相关法规对商业秘密保护是这样释义的:权利人经过商业成本的付出,形成了在一定期间内相对固定的且具有独特交易习惯等内容的客户名单,可以获得商业秘密保护。

客户名单是否构成商业秘密,取决于其是否符合商业秘密的定义,即是否满足商业秘密的三个特性(秘密性、价值性和保密性)的要求。如果一家企业的客户名单除了名称、电话、地址和联系方式等公开信息,还含有企业在长期经营过程中积累下来的客户交易习惯、交易需求、价格承受能力、客户主管人员的个性以及其他不能在公开渠道获取的信息等有商业价值的信息,形成了企业自身的独特性,并对此采取了保护措施,那么,按照商业秘密的定义,这份客户名单就可以被认定为商业秘密,是受法律保护的。

笔者将从商业秘密管理的角度阐述企业如何通过商业秘密手段来保护企业的重要信息,避免企业在经营发展过程中因商业秘密泄露遭受重大损失。

一、何为商业秘密

商业秘密，是指不为公众所知悉、具有商业价值并经权利人采取相应保密措施的技术信息、经营信息等商业信息。

其中，技术信息是指利用科学技术知识、信息和经验获得的技术方案，包括但不限于设计、程序、公式、产品配方、制作工艺、制作方法、研发记录、实验数据、技术诀窍、技术图纸、编程规范、计算机软件源代码和有关文档等信息。

经营信息是指与权利人经营活动有关的各类信息，包括但不限于管理诀窍、客户名单、员工信息、货源信息、产销策略、财务数据、库存数据、战略规划、采购价格、利润模式、招投标中的标底及标书内容等信息。

商业信息是指与商业活动有关的，包括但不限于技术信息、经营信息的任何类型和形式的信息。

二、商业秘密的三个特性

（一）秘密性——不为公众所知悉

"不为公众所知悉"指该信息不为所属领域的相关人员普遍知悉和容易获得。满足以下情形之一的信息，就属于为公众所知悉，不具有秘密性。

（1）该信息在所属领域属于一般常识或者行业惯例的。

（2）该信息仅涉及产品的尺寸、结构、材料、部件的简单组合等内容，所属领域的相关人员通过观察上市产品即可直接获得的。

（3）该信息已在公开出版物或者其他媒体上公开披露的。

（4）该信息已通过公开的报告会、展览等方式公开的。

（5）所属领域的相关人员从其他公开渠道可以获得该信息的。

从"不为公众所知悉"的释义中可以看出，为什么有些企业的核心技术不去申请专利（如可口可乐的配方），因为一旦公开就不存在秘密了，无法再进行商业秘密保护。专利与商业秘密的区别，后文将会详细介绍。

（二）价值性——具有商业价值

在 2019 年修正的《反不正当竞争法》中，商业秘密的价值性被进一步明确为具有商业价值。

（三）保密性——经权利人采取相应保密措施

商业秘密主要依赖于权利人采取保密措施，以弥补法律强制性保护的不足。通常根据商业秘密及其载体的性质、商业秘密的商业价值、保密措施的可识别程度、保密措施与商业秘密的对应程度以及权利人的保密意愿等因素，认定权利人是否采取了相应保密措施。

三、商业秘密与专利的区别

为了使自身利益最大化，企业对核心技术的保护是选择商业秘密还是专利的方式，在此，笔者对二者作个比较。商业秘密和专利的区别如表 1 所示。

表 1　商业秘密和专利的区别

要素	商业秘密	专利
构成要件	秘密性、价值性、实用性和合理保密措施	新颖性、创造性和实用性
获取生效方式	无需审批、立即生效	依据法定程序，国家知识产权局审批，6 个月至 3 年
保护时间	不受时间限制	发明专利 20 年，实用新型 10 年，外观设计 15 年
注册申请费用	无	申请费 + 每年年费

续表

要素	商业秘密	专利
披露、保密要求	无需向公众披露，采取合理保密措施	向公众披露，不需要保密措施
排他性	无排他性	保护力度强，具有独占性和排他权
反向工程	反向工程不属于侵权行为	反向工程可能触发侵权行为
保护手段	保护手段复杂	证明专利权，即完成保护举证

（一）保密措施和期限

企业对有能力采取有效保密措施、防止技术方案泄露，且对技术方案希望长期得到保护的，可以考虑以商业秘密方式保护。若企业不能保证有效保密措施，或保密措施无法保障技术方案不被泄露，则尽量以申请专利的方式进行保护。

（二）技术先进程度

若技术方案本身先进性程度不高，同样或类似的技术可能被他人（特别是竞争者）研发出来，则时间上优先保护更为重要，建议企业采用专利方式保护。若技术方案本身先进性程度较高，在一定时期内难以被他人研发出来，企业可考虑采用商业秘密进行保护。

（三）反向工程难度

若该技术方案容易通过反向工程而获得关键技术信息，企业应考虑通过专利保护，例如简单的机械领域技术。若该技术方案很难进行反向工程，企业可以考虑商业秘密的保护方式。

（四）技术方案的商业价值期限

若该技术方案具有长期的商业价值，企业可以采用商业秘密进行保护

（如可口可乐配方）。若该技术方案处于技术更新换代较快的领域，企业可以考虑专利保护（如部分通信、IT 领域技术方案）。

（五）获得专利授权的可能性

若该技术难以符合授予专利权的条件（新颖性、创造性、实用性），企业可以考虑采取商业秘密保护。

（六）商业秘密 + 专利相结合的保护方式

企业可以将希望得到保护的核心技术采用商业秘密的方式保护，严格限制范围并采取有效保密措施，对周边技术采用专利方式保护。此外，企业对核心技术申请专利（若属于更新换代快的技术领域或技术难度本身不高容易被反向工程方式获得技术方案），对周边技术采取商业秘密（若技术难以符合专利授权条件），也是一种可行的方案。

四、商业秘密的保护措施

商业秘密的保护措施如表 2 所示。

表 2　商业秘密的保护措施

层次	保护措施
战略	制订商业秘密及信息安全保护方针
管理 （组织 + 制度）	设立管理和监控机构
	建立和完善规章制度
技术	提高技术监控手段
人员 （意识 + 执行）	加强意识宣贯，积极推行契约管理，严格控制接触范围，加强重点部门监控与管理

第一，企业可以分析其关键业务、核心市场、主要对手，据此评估企业的管理现状，总结重大的问题与风险，确定商业秘密的方针目标及建设路线，并确保与企业的战略规划相匹配。

第二，企业可以设置适当的组织机构和人员来实现对其商业秘密的统一协调、管理和监控。突出以下三个原则：一是权力相对集中，明确赋予相关机构对信息安全的统一管理权；二是设定职责权限，明确规定信息安全管理责任人、管理机构和人员的管理责任；三是强化管理素质，通过选拔、培训等渠道，打造一支忠诚、可靠、专业、干练的管理队伍。

第三，企业可以用制度保护商业秘密，是法律认可的保护商业秘密的重要措施。商业秘密保护应根据商业秘密产生、复制、存储、传递、使用、保管等运行轨迹，以有效控制接触范围、消除泄密隐患为主要目的制定。保密制度一般分为三个层次：第一层为企业章程有关商业秘密保护的原则规定；第二层为企业商业秘密管理规定；第三层为单项保密规定以及保密协议。

第四，企业可以运用信息技术来降低风险，提高其与高技术入侵抗衡的能力，是企业商业秘密保护的发展方向。企业应根据实际需要不断优化技术措施组合，着重强化防盗窃技术、防破坏技术、防入侵技术等措施，提高技术防范能力。

第五，企业可以加强人员教育，积极引进和推行契约管理机制，重点突出其合同的完整性和有效性，是提高信息安全保护和管理水平的必由之路。保密的实质就是控制接触范围，通过需要原则、分割原则、隔离原则，把商业秘密知悉范围控制在不影响科研、生产和经营正常运行的最低限度；明确并加强企业保密重点部门和部位的管理与监控。

五、企业商业秘密管理体系建设

企业在进行商业秘密管理体系的建设时，要未雨绸缪防患于未然；要将人、制度、技术三者合一，从而建立有效的保障体系，同时更要注重管理和落实。企业商业秘密管理体系建设如表3所示。

表 3　企业商业秘密管理体系建设

项　目	主要内容
商业秘密管理体系构建	制度框架搭建
	商业秘密识别管理
	常规安全管理
	IT 工具管理
	宣贯培训
商业秘密资产化管理	商业秘密识别
	资产化管理
	技术秘密知识库建立
商业秘密侵害应急策略	商业秘密侵害事件判断
	商业秘密侵害风险等级评估
	救济途径法律策略
	证据收集

企业在建设其商业秘密管理体系时，可从以下七个方面着手。

（1）确立商业秘密管理机构，建立商业秘密管理制度。

（2）明确商业秘密的范围，划分等级，明确接触权限、保密期限，做好商业秘密标志，涉密文件根据保密等级进行管理、使用。

（3）涉密人员签订《保密协议》《离职承诺书》等涉及商业秘密保护的合同，并妥善保管。

（4）对入职员工开展背景调查，避免侵犯他人商业秘密等知识产权。

（5）宣传、普及商业秘密法律、法规知识，开展法律知识培训。

（6）加强涉及商业秘密的计算机信息系统、通信及办公自动化等信息设施、设备的保密管理，保障商业秘密信息安全。

（7）核心人员签订《竞业限制协议》，并按规定支付相应费用。

第三部分 合规与风控

企业海外展会知识产权风险应对探讨

刘蔓莉

展会期间涉及众多与展会相关的知识产权，既包括展会本身形成的知识产权（如展会主办方制定的展会名称和标志等），也包括参展项目所带来的知识产权（如展会期间的展板、展品、相关宣传资料等所涉及的知识产权）。展会具有创新性、集中性、技术性等特点，其中所公开的新技术和设计可能包含了相当多的知识产权，涵盖了很多智力劳动成果。

对参展商而言，展会是提高知名度、拓展市场的重要机会。参展商一旦在展会期间发生侵权而未能妥善处理，正当权利得不到快速维护，会造成其市场份额下降，进而使企业蒙受巨额的经济损失。对主办方而言，如果对知识产权保护不严格，参展商的各种创新设计将不敢在展会上展示以防止他人抄袭，这样将直接影响展会质量。如果出现展会秩序混乱的现象，也有可能对展会的名誉产生不良影响，进而影响未来展会的招商工作。

一、展会常见的知识产权侵权类型

展会是同行业的企业、同类型的产品大量聚集的场所，不可避免地会引发知识产权纠纷，有些知识产权纠纷是故意侵权行为，但在大量产品聚集的情况下，参展商的展品也可能会在无意中侵犯他人的知识产权。展会中出现较多的侵权类型主要包括专利侵权、商标侵权、著作权侵权和不正当竞争行为。

（一）专利侵权

展会中的专利侵权主要指参展商在展会中的展品侵犯他人的专利权。我国的专利类型包括发明、实用新型和外观设计，各类型的专利侵权都有可能在展会中出现。由于展会持续时间短，一些产品可能涉及高科技前沿的技术领域，对于发明专利和实用新型专利侵权纠纷来说，可能存在技术分析对比困难、侵权判定难度高的问题。

（二）商标侵权

展会中的商标侵权主要包括以下两种情形。

1. 参展展品的侵权

在相同或类似的展品上，如果参展商在展品或宣传册中使用了与他人相同或近似的商标，就有可能侵犯了他人的商标权。

2. 展会的名称或标志的侵权

如果展会的名称或标志与其他展会已经注册的名称或标志相同或类似，可能侵犯他人的商标权。

（三）著作权侵权

参展商在展会中的展品可能涉及他人的文字、图形、计算机软件等著作权。此外，展台设计、产品说明书、产品宣传册或其他宣传资料也可能包含他人的著作权，这样就可能构成著作权侵权。展会本身的标志、标语等如果复制或抄袭其他展会，也可能侵犯他人著作权。

（四）不正当竞争行为

参展企业在展会上使用的标识可能与他人有一定影响的商品名称、包装或装潢等相同或者近似，侵犯了他人的权益就可能构成不正当竞争行为。例如，参展商使用的标识模仿了他人有一定影响力的包装、装潢。

我国的《反不正当竞争法》在传统的知识产权保护方式之外对其他一些知识产权侵权行为提供了兜底的保护条款。如《反不正当竞争法》第6条所列出的各种混淆类型，这类混淆行为会使人们将参展商的商品误认为是他人的商品或者误认为是与他人存在某种特定的联系。

二、美国和德国展会的知识产权风险

（一）美国

在美国进行知识产权保护主要采用美国国际贸易委员会根据美国关税法第337条及相关修正案进行的调查，即337调查，以及法院的民事诉讼。337调查具有处理效率高、处理时间短的优点。337调查中由美国国际贸易委员会颁发的普遍排除令可以禁止所有相关外国产品进入美国，而且不影响原告向法院提起的损害赔偿诉讼。337调查程序一旦启动，如果应诉方不参加则会自动败诉，导致其产品被驱逐出美国市场。

对于展会中的侵权行为，美国的337调查有排除令、禁止令，司法保护有临时禁令。

1. 337调查中的排除令和禁止令

美国国际贸易委员会的337调查中的排除令和禁止令规定，如果出口到美国的产品侵害了美国权利人的知识产权，则权利人可以根据美国1930年关税法第337条向美国国际贸易委员会提出控告。如果认定侵权，则可能针对不同的情况颁发强制排除令或禁止令。

排除令有两种形式，一种是有限排除令，另一种是普遍排除令，两者的效力不同。有限排除令只是针对被调查企业生产的侵权产品，禁止其进入美国；而普遍排除令可以针对某一种类的所有产品，禁止其进入美国，被调查的企业无法通过改变名称或住所等来规避普遍排除令。

禁止令针对的是已经进入美国市场的侵权产品,包括展会上的涉嫌侵权参展产品。禁止令将禁止他人进行销售、宣传或市场开发等行为,违反禁止令可能被处以高额罚款。

2. 司法保护中的临时禁令

临时禁令在美国展会知识产权的保护中发挥着重要作用。其分为两类,一类是临时限制令,另一类是初步禁令。两类救济措施都是在法院作出判决前权利人维权的有效手段。

(1)临时限制令。权利人通过申请诉前的临时限制令来制止展会侵权行为的发生。法院经过评估后可能当天就能颁发临时限制令。申请人在申请临时限制令时需要考虑和评估的因素包括:案件胜诉的可能性、是否会遭受难以弥补的损失、禁止令对各方的损害程度比较、是否影响社会公共利益、是否需要担保和担保金额。

(2)初步禁令。初步禁令考虑的因素与临时限制令相同,需要在诉讼程序启动后发布,需要通知对方进行听证程序并提供担保。双方对于初步禁令的裁决都可以提起上诉,而且在对方提供反担保的情况下可以不实行初步禁令。

美国对展会主办方规定了严格的知识产权保护责任,在展会主办方没有对知识产权采取必要保护和防范措施的情况下,展会主办方需要为参展商的侵权行为承担间接的侵权责任。因此,一些展会建立了知识产权保护制度来免除自身的间接侵权责任,并通过设立知识产权执法部门进行展会的内部执法。

(二)德国

德国作为会展强国,具有完善的知识产权保护制度。其设置了多种特殊有效的保护措施,包含民事、刑事和行政三种保护途径,每种途径都能对展会的知识产权保护起到积极的作用。民事途径中发送附带保证书的警告信和申请临时禁令是非常有效的措施。海关扣押是主要的行政手段,而刑事途径则是针对故意侵权行为的。德国法律规定故意侵犯知识产权会触犯刑法，过失行为只需要承担民事责任。

1. **民事途径**

（1）警告信。在展会中向侵权参展商发送带有保证书的警告信，要求被投诉方签署保证书保证不再侵权。如果被投诉方签署，则不用承担任何费用。如果被投诉方不认为侵权则可以给投诉方出示一封反警告信。这时权利人如果依然要进行维权，可以向法院进一步申请初步禁令。法院非常高效，一般在1~2天就会作出裁决。

（2）临时禁令和诉前禁令。禁令的申请不需要向法院支付费用，只要法院认为有超过一半的侵权可能性，就会同意颁发禁令的请求。法院可以直接到参展商的展位送达禁令，即使参展商认为不构成侵权，也要服从禁令对涉嫌侵权的展品进行撤展处理（对涉嫌侵权的产品宣传册进行涂抹或者销毁）。如果被申请人拒绝执行，则参展商有可能会被拘留。与禁令相配合的制度还有保护诉状。参展商如果认为自己的产品有可能被法院发出临时禁令而禁止参展，可以向法院提交保护诉状，请法院作出民事裁决，对不侵权进行认定。

（3）临时财产扣押命令。这种保护措施通常与临时禁令相互配合使用。参展商不但要停止展出涉嫌侵权的产品，还要支付保证金用于担保前述法律程序中的费用。如果参展商不能交出足够的保证金，法庭的执行人员有权对展台上有价值的物品进行扣留。

（4）正式起诉和缺席判决。一旦正式起诉可以直接将起诉书送达展台。在被告不按时应诉的情况下，法院可以不做实质性的调查而直接进行缺席判决，诉讼费用由被告承担。

2. **刑事途径**

为震慑知识产权侵权行为，德国法律将故意侵权列为刑事犯罪。一般的知识产权纠纷将由民事程序进行处理，但刑事程序的启动比申请临时禁令更为容易。检察官在收到刑事举报书后会展开调查，执法人员有权要求撤除参展物品，并处以罚款，但案件很少进入公诉程序。在德国的展会上，刑事途径是主要的维权措施，有经验的知识产权权利人偏向于采用刑事途径。

3. 行政途径

行政途径主要通过海关的执法程序实现。根据知识产权权利人的申请，海关可以在边境或展会现场没收或扣押涉嫌侵权的物品。

三、海外展会知识产权风险规避及处理

参展商如果在展会现场碰到知识产权相关的投诉，应及时联系展会组织者。随团参加展会的展商，可以咨询领队，获得法律援助和咨询，自己不要贸然行动，造成不必要的损失，影响参展效果。

建议参展商随身携带其专利权或商标权注册的初始文件或授权副本（如有任何已经作出的针对某个参加展会的侵犯专利权产品的判决也最好带上），防止展览期间可能出现的侵权调查。

参展商在参展前，可就参展产品和材料的知识产权问题进行检索审查，根据知识产权（如专利）的地域性特点，排除在展会当地侵犯他人知识产权的可能性。

IPD 模式下的知识产权风险管理

李崇娅

集成产品开发（integrated product development，IPD）是一套产品开发的模式、理念与方法。最先将 IPD 付诸实践的是国际商业机器公司（International Business Machines Corporation，IBM）。华为公司在 1998 年投入大量资金与 IBM 签订合同，由 IBM 帮助华为公司实施 IPD 变革。

IPD 中的产品研发流程主要包括构思与概念阶段、计划阶段、开发阶段、验证（确认）阶段、发布（上市）阶段、生命周期管理阶段，每个阶段都会涉及知识产权。

笔者基于 IPD 的管理流程，结合项目实践，从企业知识产权部门在各阶段的主要工作重点，浅析 IPD 模式下的知识产权风险管理。企业将知识产权风险管理嵌入 IPD 管理模式，可以为各阶段提供预警决策建议。赋能创新文化建设，赋能企业风险防控，从而推出具有竞争力的产品。IPD 的管理流程如图 1 所示。

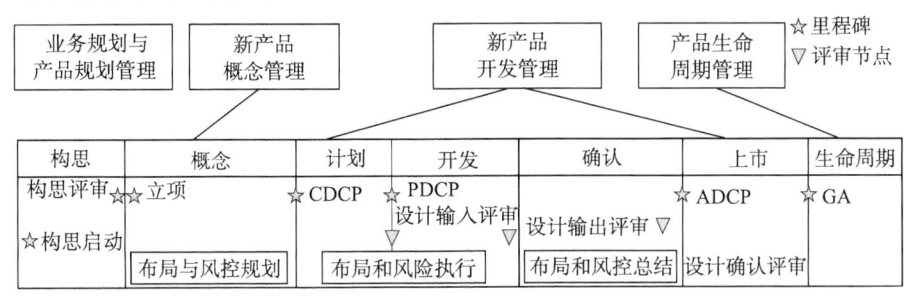

图 1 IPD 的管理流程

注：CDCP 指概念决策评审，PDCP 指计划决策评审，ADCP 指可获得性决策评审，GA 指一般可获得性。

一、构思与概念阶段

在构思与概念阶段，产品研发流程与知识产权风险管理流程融合的重点在于，企业知识产权部门协助产品开发团队与构思开发团队就知识产权布局和风控需求达成共识，基于产品需求进行产品相关的知识产权前置调查，确定知识产权布局和风控方向，识别宏观层面的知识产权风险，确定一个总体知识产权战略，由该知识产权战略指导整个产品研发过程。

企业在经过市场调研后，若发现已有竞争厂商研发类似产品，企业知识产权部门就需要对类似产品做必要的知识产权检索，并在检索的基础上进行分析，以研究市场上类似产品的技术发展现状和竞争厂商所采用的技术路线、知识产权布局，进而形成一份知识产权分析报告，报告中应对可选择的技术路线、可能的知识产权风险、规避风险的手段与成本作出初步的判断。

原创性产品的知识产权战略不同于改进型产品的知识产权战略，前者的知识产权战略以主动性和前瞻性为主，而后者的知识产权战略则具有较大的被动性和防守性，二者均可降低知识产权风险。

二、计划阶段

在计划阶段，由于企业的新产品已完成立项和 CDCP，研发部门对产品的体系结构、基础方案的设计以及商标的初始设计等都已完成，因此可能会有知识产权的输出。

企业知识产权部门的主要工作分为启动知识产权布局和风险执行。企业知识产权部门可以跨部门组织知识产权布局规划讨论会，在战略基础上更新知识产权布局规划，确定各布局点的递交计划。此时，自主知识产权的保护需要根据产品的关键技术特性有针对性地做出知识产权的初步保护计划。

当产品涉及知识产权风险，企业知识产权部门应启动并执行单个风险决策流，制定项目计划及资源计划，确保风险可以被合理地管理。例如，企业知识产权部门通过检索发现，准备研发的产品的某一关键技术特征涉及竞争对手的一件较为重要的障碍专利，企业研发部门就需要考虑能否修改产品设计绕过障碍专利，在产品的概念设计阶段就规避潜在的知识产权风险。

三、开发阶段

开发阶段将在最终业务计划中的特有技术开发、制造及营销策略和计划内容进行集成。

企业知识产权部门此阶段工作以执行布局规划、负责挖掘引导为主，并进行产品中期复盘。企业通过比对知识产权布局规划和实际落实情况，根据开发情况以及新检索的对比文件对布局规划进行微调，及时补正。持续执行单个风险决策流，基于知识产权布局执行和前期风险成果，更新知识产权布局规划，把控执行质量、进度、风险及应对情况。

四、验证（确认）与发布（上市）阶段

在产品公开时，大部分递交的知识产权申请需要做出市场布局的选择，并根据预先确立的知识产权战略、维度评分、市场情况、应用情况等因素决定在哪些国家和地区进行知识产权布局。

在验证（确认）与发布（上市）时，已申请的知识产权会相继进入确权、授权的阶段，企业知识产权部门在该阶段的主要工作以复盘为主，主导风险回顾、风险分级入库、确认风险清单及落实风险应对措施，评审整个布局质量和风险应对情况，以完成风险复核。

五、产品生命管理周期

产品生命周期管理是指企业对产品更新迭代过程的管理，这是一个长期的过程。产品更新迭代的过程也伴随着知识产权的更新迭代。

企业的知识产权部门以项目中的核心知识产权的生命周期管理及知识产权组合包管理为主，对项目中的核心知识产权争取获得最大的保护范围；评审衍生案的申请，知识产权组合包的规划和执行质量，保障构思的产品竞争力能得到完善保护，阻挡竞争对手的模仿。同时企业需要持续对竞品信息的收集和反馈，侵权行为的证据收集和反馈，以获得知识产权诉讼的支持。

除了注重自身知识产权保护外，在知识产权确权后，可能涉及许可和运营，如专利权的转让、质押、出资入股，商标、著作权许可他人使用等情况；还可能涉及知识产权维护，如专利无效、侵权诉讼，或权利人主动使用自身的知识产权去阻止他人的侵权行为等，这些都需要企业知识产权部门与研发部门协作处理。最终能在市场中经受住考验的知识产权将会是企业真正有价值的资产。

IPD项目周期长，涉及部门和人员多，且内容复杂。企业知识产权管理人员一定要融入研发的整个IPD流程，成为研发项目团队一员，与项目团队一起开展和完成项目过程中的知识产权工作。只有切身深入这些业务细节，才能清楚地知晓每个阶段的工作侧重点，在脑海中清晰勾绘出一张知识产权管理全景图，而不是单一的产品或技术方案的碎片式的管理。企业知识产权管理人员应尽可能贴合企业家的思维，掌控全局，为企业发展助力。

基于《民法典》第 1168 条的专利共同侵权构成探讨[*]

田俊峰

一、多数人侵权责任体系下的专利共同侵权范围

由于《专利法》并未对专利共同侵权进行专门规定,因此专利领域的共同侵权判定仍应遵循传统民法的共同侵权理论。共同侵权本质上属于多数人侵权问题,《民法典》第 1168~1172 条构建了我国的多数人侵权责任体系,包括共同加害行为(狭义的共同侵权行为)、教唆帮助行为(视为共同侵权行为)、共同危险行为(准共同侵权行为)以及无意思联络的数人侵权。

共同危险行为涉及加害人不明的情形,且针对的是危及他人人身、财产安全的行为,显然不适用于专利侵权情形。无意思联络的数人侵权针对的是数人分别实施侵权行为造成同一损害的情形。"分别实施侵权行为",

---

[*] 该论文为北京知识产权法研究会专利法委员会 2023 年内部课题"基于《民法典》第 1168 条的专利共同侵权构成探讨"的研究成果,课题负责人为田俊峰,课题成员包括张曦、杨安进、李自柱、强志强、李丹妮。

也就是说，各侵权人的行为均应独立具备构成侵权行为的全部要件，当一个行为人实施了完整的专利侵权行为即构成对专利权人独占市场利益的一个独立侵害，不属于造成"同一损害"。因此，在无意思联络情况下，每个行为人均构成独立的专利侵权，原则上只需按《专利法》规定对自己造成的侵权后果承担直接侵权责任，无需对他人的侵权行为承担连带责任。

综上，《民法典》与专利共同侵权相关的条款主要涉及第1168条的共同侵权、教唆侵权、帮助侵权。而根据《最高人民法院关于审理侵犯专利权纠纷案件应用法律若干问题的解释（二）》的规定，教唆、帮助型专利共同侵权属于专利间接侵权形式，并不以共同过错为构成要件，但间接侵权应当以直接侵权为前提。在我国关于专利间接侵权的讨论和研究已有不少，并且司法审判和司法政策也在积极探索赋予该条款更灵活的解释以突破"直接侵权"前提条件的限制，以强化对专利权的保护。

鉴于此，笔者主要探讨基于《民法典》第1168条的狭义的专利共同侵权构成。

二、专利共同侵权中"共同实施"的含义

《民法典》第1168条规范的是共同加害行为（也称狭义的共同侵权行为）。关于该条中"共同实施"的含义在理论界有多种学说，例如，笔者认为该条的共同实施仅指共同故意。共同过错说认为，共同侵权中的共同过错不以"共同故意"为限，还应当包括"共同过失"，数人在协同状态下所实施的侵权行为造成了他人损害，对此应承担连带责任；主客观共同说则认为共同侵权行为包括主观的关联共同和客观的关联共同，所谓客观的关联共同指数个行为人虽无意思联络和共同故意，但由于数个行为之间的相互结合的关联性，均构成了导致损害发生的共同原因，造成了同一不可分割的损害结果。《最高人民法院关于审理人身损害赔偿案件适用法律若干问题的解释》采取了主客观共同说，在坚持共同侵权行为的共同过错的同时，部分承认共同侵权行为的客观标准。此外，学界对共同过错是否

包括故意和过失的结合也存在分歧。

《专利法》作为特别法，对专利侵权的构成要件进行了专门规定。探讨专利共同侵权，当然也不能脱离《专利法》对专利侵权构成要件规定。除了为生产经营目的这一主观要件，还有专利侵权的构成不考虑行为人是否有侵害他人专利权的主观过错。同时，《专利法》规定了使用、制造、销售、许诺销售和进口几种特定的行为类型，每种行为都单独构成侵权。无论是依据《专利法》，还是按照《民法典》中的自己责任，专利侵权原则上都是构成独立的分别侵权责任，例外情形下才承担共同侵权的连带责任。

因此，构成专利共同侵权的判断重点应在于数个行为人的行为集合对外体现的整体性以及数人内部之间的协调一致性上。对外的整体性意味着可以将数个行为人视为集合体整体评价，内部之间的协调一致性也构成了因他人行为承担连带责任的法理基础。在这一原则下，各个行为人的过错状态并不是决定是否构成专利共同侵权的决定因素。

依据上述原则，对于故意与过失结合的行为，甚至故意与无过错结合的行为，也可能根据具体案情的不同而成立共同侵权、教唆侵权、帮助侵权或者分别的直接侵权责任。例如，委托方明知是侵权技术方案而故意隐瞒技术来源，要求受托方按其提供的技术方案生产制造侵权产品，委托方有明显的侵权故意，受托方可能存在过失，也可能无过错，但受托方仍然构成专利侵权，此时委托方与受托方均属于《专利法》上的制造者，共同参与了侵权产品的制造行为，构成共同侵权。再如，上游生产制造企业系故意侵权，下游销售企业与其并不存在分工协作和意思联络，即便下游销售企业在采购过程中存在疏忽大意的过失也不与制造商构成共同侵权，而是分别成立制造、销售侵权和销售侵权的独立侵权责任。

由此可知，对于无意思联络的数个行为人客观关联情形，若各行为人均构成侵权，则各自承担相应的直接侵权责任；若部分行为人未实施侵权行为，则实施侵权行为的构成直接侵权责任，未实施侵权行为的则根据其具体行为考虑是否构成教唆侵权、帮助侵权或者不构成侵权；若各行为人单独都不构成侵权，则涉及多主体实施方法专利问题。专利侵权构成以全面覆盖为基本原则，作为例外，行为人需为他人实施的步骤承担责任。因此，在参与各方均未实施侵权行为，也无意思联络的情况下，原则上各方均不构成侵权。

三、专利共同侵权中"共同实施"的考量因素

虽然专利共同侵权中"共同实施"的考量重点不在于分别评价各行为人对侵权后果的主观过错进而分析是否存在共同故意、共同过失还是故意和过失的结合，但是仍涉及行为人主观方面和客观行为方面的判断。因此，民事共同侵权理论中有关共同过错的探讨可供借鉴。

所谓共同故意即二人以上明知且意欲协力导致损害结果的发生。申言之，数个侵权人在共同实施侵害他人权益的行为中，不仅有共同追求的目标，相互意识到彼此的存在，而且客观上为达此目的付出了共同的努力，即他们各自承担了有一定数量的、相互之间有一定联系的行为部分。而共同过失型共同侵权，虽无共同加害他人的意思联络，但是有共同从事某一危险行为的意思联络，这一行为可能导致损害结果，并为数人所共同预见。在最终发生的损害结果中，存在对协同行为中相同义务的违反，因而被称为共同过失。比较这两种理论，主要区别在于是否有共同侵害他人权益的意思联络，相同之处在于都认同对共同从事行为的意思联络，并且存在行为的协同。

结合《专利法》关于直接侵权的规定和民事共同侵权中的共同过错理论，专利共同侵权的判定可从以下三个方面把握。

（一）主观方面需要存在基于意思联络的共谋

首先，虽然专利侵权不以主观过错为前提，但各行为人需参与到共同侵权行为的实施中，不需要知道专利权的存在，且必须具有从事共同行为的认知。不需要清楚共同行为的法律评价，但需要知晓共同行为涉及的技术性事实，即各方都知晓彼此都参与到为实施专利所涉及的技术或外观设计的活动中，且各自对实施活动都发挥着一定作用。实施专利的活动主要

包括：①制造、销售、许诺销售或进口包含特定技术方案的产品；②使用特定技术方法或使用、许诺销售、销售、进口依照特定技术方法直接获得的产品；③制造、许诺销售、销售、进口具有特定外观的产品。至于产品或方法所涉及技术或外观是否存在专利在所不问。

其次，对共同行为的认知应是基于彼此的意思联络，相互意识到彼此的存在，并有意达成或建立彼此的合作关系。之所以构成共同行为，各行为人之间应存在合作或协作关系，这种关系通过双方的意思联络而达成或建立。若多个行为人之间欠缺此种意思联络，则不能认为各行为人对彼此行为的整体性有认知，进而不需要为他人的专利侵权承担责任。这也是区分共同侵权与一般交易关系的一个因素。一般交易关系中，各方均是基于自己本身的利益而独立行动，并不存在"与他人共谋行为"或"合作"的意思联络。例如在典型的供销关系中，制造商明知侵权而制造侵权产品并以明显低于竞品的价格销售，零售商基于其经验能够意识到制造商的产品系侵权产品，但为了赚取更高利润仍从制造商处购买侵权产品并销售。双方可能对彼此的行为以及违法性都有认知，但只要彼此之间不存在产销协作的意思联络并有意建立合作关系，则双方仍是就各自的侵权行为承担责任而不构成共同侵权。

最后，各方应存在意欲实现的共同目标，这也是各方建立合作关系的目的所在。一个具有完全民事行为能力的主体，其行为总是受其意志支配，共同行为也理应受到共同目标的驱使。在共同故意中，各方的共同目标自然是积极追求侵害后果的发生，但对于专利侵权而言，并不要求侵权主体主观有侵权过错。因此，这里的共同目标不以追求侵害他人专利权为限，而应是共同追求对专利涉及的技术或外观的实施。换言之，专利共同侵权中，各方的共同目标是通过彼此的合作完整再现专利涉及的技术方案或外观设计。此外，按《专利法》规定，追求这一目标的根本动因是以生产经营为目的，也就意味着各行为人围绕此目标而形成经济利益共同体，各行为人均以生产经营为目的投入实施专利这一共同目标的活动中，各行为人均从其行为中获得利益，各行为人所获利益又与因实施专利而带来的利益密切相关。

（二）客观方面需要各方分担为实现共同目标的部分行为，且行为之间存在相互协同关系

首先，共同侵权体现出的外部的整体性和内部的协调一致性从客观方面来看，体现为各方均从事了为实现共同目标的部分行为且行为之间存在相互协同关系。协同关系可以体现为互为因果或者相互支持配合，从而使得各方的行为可以作为一个有机整体。

其次，行为是意思表示的外化，行为的相互协同也是共同意志的体现。从外在表现形式看，协同关系往往可以通过各行为人之间的相互沟通、协商或者达成的协议约定而呈现。

最后，各行为人所分担的行为需要对推动共同目标的实现发挥实质作用，这是行为人需要为整体行为承担责任的客观基础。所谓实质作用，还需要从行为对实现最终目标（实施专利涉及的技术方案或者产品外观）的原动力上来把握。不同行为性质可能对整体侵权的作用大小不一，但可归责的行为应达到对再现专利技术或外观作出实质贡献的程度，包括直接参与实施专利或进行与实施专利有关的技术方案设计、安装、配套、测试、零部件加工、协助营销或进口等行为。例如，在某件涉及发明专利侵权案中，二审判决认为，在共同侵权行为中，有时各行为人的侵权行为对造成损害后果的原动力可以有所不同，但必须存在法律上的因果关系，如果某个行为人的行为与损害后果之间没有因果关系，则不应与其他行为人构成共同侵权。

（三）后果方面需要共同实施的行为构成对专利的实施

共同实施的行为构成对专利的实施，包括分别构成专利实施、部分行为构成专利实施或行为整体结合构成专利实施。专利侵权判定虽不考虑行为人主观过错，但受全面覆盖原则的制约，也即构成侵权的行为主体在其制造或销售的产品中，或者其使用的方法步骤中，完整再现专利权利要求的所有技术特征。

与单一主体侵权相区别,专利共同侵权涉及复数的行为主体,从表现形式看,可能存在数个行为人的行为均构成直接侵权、部分行为人的行为构成侵权而部分行为人不构成侵权,以及单个主体都不构成侵权但所有主体的行为结合起来构成侵权(多主体实施方法专利)的情形。由于各方存在基于意思联络的共同行为,因此对参与共同侵权的单个行为人的评价就不再局限于个人行为。对于前两种情形,每个行为人都需要为他人的直接侵权行为承担连带责任。对于第三种情形,数个行为人可被视为一个单一实体或团体,各个行为人均需要对整个团体的侵权行为承担连带责任。

四、专利共同侵权与其他专利侵权形态的比较

权利法定与全面覆盖原则是专利侵权判断的基石❶,单个行为主体的直接侵权是专利侵权的常态,当涉及多个行为主体时,除了共同侵权形态,还存在间接侵权形态和分离式侵权形态(多主体实施方法专利的情形)。不同侵权形态的归责标准不同,其宗旨仍是为了解决当多数人中的部分或者所有人的行为要件未达到"全面覆盖"涉案专利时,各个行为人是否需要承担《专利法》上的专利侵权责任,以及数个行为人之间应如何分担责任的问题。

(一)专利共同侵权与专利间接侵权的区别

虽然理论界对构建我国专利间接侵权❷的专门化制度的呼声很多,但《专利法》第四次修改后仍没有在立法层面予以专门规定。我国对涉及专利间接侵权的法律规范仍源于《最高人民法院关于审理侵犯专利权纠纷案件应用法律若干问题的解释(二)》的规定,明确了诱导侵权和帮助侵权两种典型的专利间接侵权形式是按照《民法典》的教唆、帮助型专利共同

---

❶ 郭小军. 多主体实施方法专利侵权的解决路径:兼评"不可替代的实质性作用"规则[J]. 电子知识产权, 2020 (9): 55-66.

❷ 蔡元臻. 专利间接侵权制度专门化研究[J]. 中外法学, 2021 (5): 1227-1245.

侵权认定。

仅从字面表述看，我国司法解释与美国专利法第271条（b）款和（c）款表述的行为模式并无根本差别，并且两国司法都坚持专利间接侵权应当以直接侵权为前提。但我国专利法规定了直接侵权必须是以生产经营为目的，当诱导帮助的行为属于个人非营利目的的行为时，间接侵权是否成立，在我国存在较大争议。如前文所述，目前司法政策有意突破这一限制。

此外，根据司法解释构成间接侵权需行为人主观上明知专利权存在和会构成专利侵权这两项事实，但在司法实践中关于间接侵权人的主观要件并没有形成统一的判断标准。有的法院根据原告的侵权警告书、期刊或报纸上的律师声明、被告的产品说明书、销售时在网站明示用于制造专利侵权产品等具体的证据来认定被控侵权人的主观过错，但也存在不少法院在没有具体证据的情况下，根据被控侵权行为发生的情况来认定被控侵权人主观上具有间接侵权的故意或过失。还有的法院从技术事实角度认为，虽然侵权人仅提供用于实施专利的零部件，但通过产品说明书、用户手册等明确指示，教导用户实施完成专利技术方案或者可以合理预见无权实施涉案专利的用户购得被诉产品后将根据该产品规格书的指示进行使用会构成侵权，也构成教唆侵权，并不以侵权人明知专利存在为前提。

可见，依据我国《民法典》关于教唆侵权、帮助侵权的解释，虽然可以解决部分专利间接侵权案件，但实践中仍有很大的不确定性和进一步研究的空间。尽管如此，教唆、帮助型专利间接侵权与狭义的专利共同侵权仍可以从主观和客观方面予以区别。

1. 专利共同侵权与教唆型专利间接侵权的区别

狭义的专利共同侵权与教唆型专利间接侵权的主要区别在于主观是否存在基于意思联络的共谋。如前文所述，构成专利共同侵权的各方通过意思联络而对彼此从事的共同行为存在共同认知，并有共同追求的目标。在专利间接侵权的语境下，"教唆"与"诱导"的含义相同，"诱导"指的是怂恿、影响、说服，通过说服或影响采取行动。因此，教唆人与被教唆人之间不一定会形成从事共同行为的共谋，只要教唆人通过教唆，使他人产生了实施专利的意思决定，并付诸实施即可。换言之，教唆行为是被教唆一方实施侵权行为的原动力。

教唆过程中如果被教唆人与教唆人存在共谋，此时双方不仅是教唆与被教唆关系，而且是一种合作关系。当教唆方与被教唆方构成共同侵权时，教唆与被教唆只是双方在共同行为中的角色分工。也就是说，教唆和被教唆只是行为属性上的划分，随着双方主观上的共谋与否而构成共同侵权或构成教唆侵权。

上述区别体现在举证角度上就是共同侵权需要证明双方存在共谋，彼此知晓对方的存在以及在共同行为中的贡献，而教唆侵权中只需证明教唆方主观上明知其想要导致的行为并意欲实现该后果即可。

例如，在某件发明专利侵权案中，被告一甲公司与被告二乙公司和丙公司基于三方签订的合同约定，甲公司作为委托方，委托丙公司就甲公司三聚氰胺项目提供设计服务，约定由丙公司根据乙公司提供涉案三聚氰胺工艺路线的工艺技术、工艺技术数据、工艺流程等工艺包文件进行工程化设计、出具基础工程设计文件和详细设计（施工图）图纸。被告三尹某某则向乙公司、丙公司提供了包含涉案专利技术方案及相关技术秘密的工艺包，并前往甲公司现场对实施涉案专利给予技术指导并解决技术缺陷，并对甲公司的相关技术人员进行培训。

该案中被告三尹某某并未直接实施涉案专利，其行为也符合教导、指导的构成，但被告一甲公司意欲实施涉案专利的企图并非由被告三尹某某的教唆引起，因此被告三尹某某的行为难以构成教唆侵权。

关于被告一甲公司的主观过错，二审判决认为，即便不认定甲公司主观上亦明知其使用的技术方案的实际来源，至少也可以认定其明显应知有关技术方案的实际来源。按故意行为与过失行为结合实施的行为也可以构成共同侵权行为，乙公司、丙公司、尹某某的故意行为与甲公司的过失行为结合起来，仍然构成共同侵权。

该案中，即便不论被告一、被告二和被告三的主观过错，其仍然存在基于意思联络的共谋和行为上的配合协作。被告一与被告二基于委托合同，彼此对意欲实施的行为及采用的特定技术（无论其来源）有共同认知且存在合作关系。由于被告三在知晓被告二与被告一的委托关系及委托事项后，仍提供技术方案并参与现场指导，因此也清楚被告一和被告二的行为及自己的行为性质。而被告一指示其员工接受被告三的指导和培训，也对被告三参与共同行为的角色及作用有清楚认知。由此可知，被告一、被告二和被告三对实施加压气相淬冷法三聚氰胺生产技术这一事实有共同的认知，也是意欲实现的共同目标。概言之，由于被告一、被告二和被告三就共同实施特定技术方案（加压气相淬冷法工艺）而言，主观上彼此明知，行为上分工协作，因此可视为统一的单一实体。无论各方是否实际知晓涉案技术存在专利权或是对侵权后果存在故意或过失，被告一、被告二和被告三也构成共同的专利侵权。

2. 专利共同侵权与帮助型专利间接侵权的区别

专利共同侵权与帮助型专利间接侵权的区别既有主观方面的区别，又有客观方面的区别。

主观方面，帮助型间接侵权仍然不以双方存在意思联络的共谋为前提，只需帮助方明知有关产品系专门用于实施专利的材料、设备、零部件、中间物即可。此外，帮助型专利间接侵权的行为方式限定为提供侵权专用品，而共同侵权中的帮助行为则无此限制，只要行为服务于共同体的共同目标，对侵权实施具有实质贡献即可。

在某件侵害发明专利权再审案中，A 公司实施了销售侵权产品的侵权行为。被告倪某某是 A 公司的法定代表人、控股股东、执行董事和经理，为了逃避税收，长期以个人银行账户收取原本属于公司营业收入的货款。B 公司主张，倪某某提供个人银行账户，帮助 A 公司收取被诉侵权产品货款，构成帮助侵权。最高人民法院再审判决认为，倪某某对 A 公司有着很强的控制权，其意志与 A 公司的意志具有明显的共同性，作为 A 公司的法定代表人，对其被诉侵权产品可能落入 B 公司在该案专利权保护范围有着明确认知。在此情况下，倪某某和 A 公司仍然实施了制造、销售和许诺销售被诉侵权产品的行为，可以认为其具有明显的共同侵权故意。倪某某以个人银行账户收取 A 公司货款，A 公司对于倪某某的上述行为予以认可，两者共同完成了被诉侵权产品的销售和货款回收，客观上存在相互利用、配合或者支持的行为。倪某某与 A 公司构成共同侵权并应承担连带责任。但是,《专利法》意义上的帮助侵权行为并非泛指任何形式的帮助行为,而是特指未经专利权人许可,为生产经营目的将侵权专用品提供给他人以实施侵犯专利权的行为。该案中,倪某某提供个人银行账户用以收取公司货款,该行为并非提供侵权专用品,不能构成《专利法》意义上的帮助侵权行为。

(二) 专利共同侵权与分离式侵权的区别

分离式侵权又称多主体实施方法专利侵权,是指多个主体一起实施了方法专利的所有步骤,但没有任何一个主体执行了方法专利的所有步骤的情况下引发的侵权问题。分离式侵权与间接侵权的主要区别在于,间接侵权存在单一主体或可视为单一主体完整实施了专利方法的所有步骤,即存在直接侵权行为,而多主体实施方法专利侵权中每个主体都没有全部实施所有步骤,需多个主体行为结合在一起才能完全覆盖专利方法的所有步骤。因此,在坚持间接侵权需以存在直接侵权为前提的原则下,分离式侵权无法追究行为人的间接侵权责任。

对于分离式侵权,若各行为人之间存在基于意思联络的共谋,理论上也可以依据共同侵权理论将所有行为人视为一个单一实体进行追究,各行为人对整个团队的侵权行为承担连带责任。但实践中更普遍的情况是参与实施部分方法步骤的主体之间并不存在共谋或分工协作,难以构成共同侵权。

关于多主体实施方法专利侵权情形,从国内外的判决来看,主要是从替代责任角度对可归责的单个主体追究直接侵权责任,其思路是将一方行为归因于另一方,以至于单独一方对整体行为承担直接侵权责任,其分析重点在于一方行为在整体行为中的作用或影响力,而不考虑行为人之间是否存在共同过错或意思联络。例如,在某件侵害发明专利权纠纷案中提出的"不可替代的实质性作用"规则,其判断标准是行为或者行为结果对专利权利要求的技术特征被全面覆盖起到了不可替代的实质性作用,即终端用户在使用终端设备时再现的专利方法过程，仅仅是此前固化在被诉侵权产品内的专利方法的机械重演。因此，应当认定被诉侵权人制造并销售被诉侵权产品的行为直接导致了专利方法被终端用户所实施。在美国的 Akamai Technologies v. Limelight Networks 案中，法院判断专利侵权的重点是一个实体是否指导或控制别人的行为，包括通过代理或合同由另一方执行权利要求方法的一个或多个步骤、一方控制或决定一个活动的参与，或者一方通过他人实施专利方法的一个或多个步骤获益并建立实施该步骤的方式或时机。

综上，《民法典》的共同侵权规范较难适用于分离式侵权案件，绝大多数情况下因难以证明各方之间存在意思联络的共谋而不能认定共同侵权。由于分离式侵权中不存在直接侵权行为，也无法适用教唆侵权、帮助侵权和无意思联络的数人侵权。在特定情形下，将他人行为归因于一个单一实体，由单一实体对整体行为承担直接侵权责任是目前司法实务中解决这一类案件的主要思考路径。

五、严格专利共同侵权的判断标准，防止连带责任扩大化适用

专利侵权责任作为一种严格责任，其包含两层意思，一是行为人实施了专利侵权行为原则即构成独立的侵权责任，二是未实施侵权行为不构成专利侵权责任，而实施专利侵权行为的核心判断标准是实施行为所涉及标的是否完全覆盖了权利要求限定的所有技术特征。换言之，当被控行为只涉及专利产品的组成部分或专利方法的部分步骤时，原则上不构成侵权。

依据《民法典》第1168条对共同侵权理论的规定，构成专利共同侵权的行为人无论己方是否实施了专利侵权行为，都需要对所有行为人的侵权行为承担连带责任。这不仅突破了《专利法》规定的独立责任原则，而且突破了全面覆盖原则的限制，因此在适用过程中需要严格把握构成标准，防止对专利权人的过度保护以及连带责任的扩大化。具体而言，就是

需要严格区分关于共同实施的意思联络与一般商业交易中的意思联络。前者包含对共同行为的认知及共同目标的追求，后者往往只是单纯为自己利益考虑的独立行为。

总之，专利权的保护需要在权利人与其他市场主体的合理规避行为之间适度平衡，不宜为了强化保护而对既有法律规则进行过度的扩张解释。反观权利人，应从根本上重视专利文件的撰写，不能仅依赖司法裁判的解释来弥补撰写阶段的瑕疵，因为法律的稳定性和可预期性同样需要维护。

浅谈中小型企业专利防侵权检索分析工作

童 芳

企业进行专利防侵权检索的主要目的包括两个方面：①风险预警；②上市前用来证明产品不侵犯他人专利权的分析报告，防止以后被诉故意侵权，最大程度地降低侵权风险。企业防侵权检索与新产品能否自由上市存在紧密的联系。若前期未进行防风险分析，导致专利侵权诉讼问题影响产品正常上市，对于企业来说是严重的打击，后续需要花费更多的成本去解决专利侵权纠纷，进一步增加企业成本的投入。

在实践过程中，专利防侵权业务不仅为产品自由上市提供保障，而且有助于企业进一步完善专利管理风险防控体系，为企业顺利研发打下良好的基础。

笔者结合自身经验对中小企业在专利防侵权检索中的实务工作进行了探讨，尤其是如何有效提升报告的使用率和满意度。

一、防侵权检索管理的要点内容分析

（一）做好前期的防侵权体系规划工作

中小型企业应主要针对重点项目或产品进行专利防侵权分析。中小型企业的专利资源普遍不足，为了保证专利防侵权检索风险排查工作的总体质量，企业应将主要精力和资源放在企业重大项目或新产品上。重要项目立项阶段建议进行委外分析，即对产品专利技术情况进行摸底、找出疑似侵权风险专利并进行侵权比对分析。

中小型企业在开展专利防侵权检索工作时，主要工作内容包括：①对产品技术理解和提炼技术方案（产品的各组成部分等）；②将技术要点及发明点组合检索专利；③筛选风险专利；④排查风险专利；⑤对权利要求理解并进行侵权比对分析；⑥进一步考虑专利权是否稳定有效；⑦规避建议以及应对策略建议等。若是委托第三方代理机构进行专利风险排查，代理机构出具防侵权检索分析报告后，企业IPR应针对专题举行专利防侵权报告解读、答疑沟通会，最终形成风险级别和应对策略，提高分析报告使用率和满意度。

（二）做好招投标管理工作

为企业提供专利防侵权检索业务的代理机构必须有一定资质，有案例积累经验。例如，是否熟悉企业所在行业技术背景，能否全面和深入地检索相关专利文献，从而保证项目质量。通过招标举措，企业最终选择一家或两家代理机构，以满足其对专利防侵权业务的需求。

（三）全面加强防侵权检索工作中的管理

1. 兼顾查全率和查准率管理

由于专利防侵权检索的最终目标是给出关于专利是否侵权的结论，所以防侵权检索需要特别注重查全率。忽略查全率会导致该项工作从一开始就面临相关专利可能缺失的问题，甚至结论可能不同。而查准率如果过低，也会带来大量噪声，增加不必要的工作量。企业开发会考虑时效性，所以专利防侵权检索需要同时兼顾查全率和查准率。为全面高效地开展专利防侵权检索工作，应兼顾查全率和查准率管理。

2. 项目工作过程中的沟通、解读至关重要

由于专利防侵权检索工作的基础是对技术方案理解以及技术背景、发

展脉络的掌握，这就需要全面加强过程管理工作，能够克服技术理解偏差，技术人员、企业 IPR、代理机构形成合力，全面快速推进检索报告进度和质量。企业 IPR 要加强专利防侵权工作过程中的管理工作，能够与技术人员、代理机构进行有效沟通、交流，做好解读服务工作，帮助技术人员了解检索报告的逻辑，通过打通各个认知环节，确保项目的进度，以提高检索报告的利用率。

（四）做好防侵权的资料管理工作

各专利防侵权项目复杂性不同，涉及的项目资料比较多，只有全面加强资料管理，才能够保证资料的统一整齐，并且为后期决策、复盘提供支持。因此，在专利防侵权分析过程中，要及时进行文件比对以及相关过程资料的编制和审核工作。

二、防侵权管理体系存在问题

（一）缺乏完善防侵权管理体系

在专利防侵权检索业务开展过程中，如果缺乏一套完善的专利防侵权检索制度与体系，相关部门和人员可能会出现：①不能发挥规避风险管理职能与作用；②不能对风险进行分类；③不能从风险维度进一步分析诉讼的风险和应对措施的指引。而很多理论对风险分级分类方法较为复杂，在中小型企业中不易操作。

（二）防侵权报告质量不理想

如果防侵权检索报告质量不理想，通常会出现技术人员对报告提出疑问的情形，多数是报告撰写人员对技术缺乏理解以及检索不能支撑现有技术，以至于报告在解决对策建议上失之偏颇或表现于形式。

专利防侵权检索工作缺乏对现有技术的全面了解，风险排查质量不高，导致结论不可靠。有时，因漏检或者缺乏对技术背景了解或从不同角度理解，也可能使报告产生相反结论。

三、防侵权管理体系问题解决对策

（一）健全与完善防侵权检索制度与体系

建立并不断完善企业专利防侵权检索流程和制度，加强风险需求管理，加大对现有技术检索要求（风险排查需要对现有技术进行梳理），识别产品和技术的侵权风险来源和专利风险大小，并提供可行性的风险解决方案，为产品的安全制造和销售扫清障碍。

企业专利防侵权检索报告应有风险专利概览，包括专利的公开号、名称、专利权人、法律状态、特征比对分析结果、风险评估、稳定性初步判断和对比文件等内容。初步评估识别是否有风险专利，再根据风险维度确定风险等级，最后给出应对措施建议指引。专利侵权排查风险等级及应对指引如表1所示，其中有关内容可根据企业整体战略规划进行适宜性调整。

表1 专利侵权排查风险等级及应对指引

序号	维度1	维度2	维度3	等级级别	应对措施建议
1	风险专利稳定性好	同行企业	—	高风险	调整技术路线
2	专利部分权利不稳定性	非同行企业	—	中风险	保留不侵权证据
3	专利不稳定性	同行或非同行企业	—	低风险	保留不侵权证据
4	未检索到疑似侵权专利	—	—	无风险	正常开发

（二）从需求管理进行规范管理

通过不断开展企业专利防侵权项目总结复盘工作，可以发现，提升防侵权管理能力关键环节之一是检索需求环节。企业IPR对技术部门提出的检索需求应进行规范管理，通过充分沟通、明确检索范围、目标以及关键核心技术方案，是完善科学的风险管理体系重要一步。

由于检索范围可大可小，直接导致企业 IPR 工作量大、企业检索成本投入高、检索质量低、报告利用率低等相关问题，为了满足研发项目的开发需求和成本控制，企业 IPR 需要反复确认关键技术方案、分析技术点，对内确保技术人员检索目标沟通无误、对外（代理机构）确保检索任务确认书技术点的明确。

（三）加强对技术人员的侵权工作培训

企业 IPR 定期组织培训人员对专利的基本知识、风险意识。培训目的在于：一方面培养尊重他人知识产权意识；另一方面企业内部人员须具备高度的风险意识。若遇到涉嫌侵权，可以快速、多部门人员合力行动规避风险措施，降低企业侵权风险。

同时，应重视邀请第三方专业律师。律师在介绍侵权判定的原则方法、理论知识的基础上，通过经典案例及办案经验，对侵犯他人专利权等法律问题进行分享，并指导企业技术人员如何进行专利权利要求技术特征的分解，从而回避专利保护范围，防止侵犯他人专利权。律师还可就技术创新过程中如何合理利用专利信息进行成功的回避设计等实操问题进行指导。

企业通过有效提高防风险管理水平，实现防侵权分析阶段管控、保证分析的进度和质量。具体个案特点不同，需要全面考虑项目和具体问题，对不同的应对策略进行综合处理，建立并完善法律法规背景下的防侵权管理体系。企业通过定期知识产权培训，全面提升技术人员的专业素质，使得技术人员具备较强的专业技术、理论知识和强烈的责任心，最终有效提高企业的风险管理能力，为企业创造更高经济效益。

在"硬科技"条件下，生物医药企业 IPO 真的很难吗

——生物医药企业科创板 IPO 问询要点探讨

姜城子

据相关统计，自科创板问世，共计 392 次敲钟的背后，有 84 次来源于生命科学领域；同时，150 家企业于上市申请过程中终止，其中含 32 家医药相关企业。❶

上市终止的 32 家医疗企业中，有 27 家企业终止于问询环节，5 家企业未能通过上市审核委员会会议。可见，问询环节是企业科创板敲钟的最难一关。❷

生物医药属于专业性比较强的行业，研发投入较大，企业早期往往难以生存。注册制科创板给生物医药企业融资提供了一条便利途径。笔者就生物医药企业科创板上市中较为突出和具有行业特色的问询问题做简要探讨。

一、研发外包行为

由于药物研发难度较大，前期投入成本高、成功率低，为了加快研发

---

❶❷ 动脉网. 超 3 成企业交表后撤回，科创板监管层的灵魂八问？［EB/OL］.（2022 – 03 – 14）［2022 – 04 – 06］. https：//www.cn – healthcare.com/articlewm/20220314/content – 1325789.html.

进程，许多生物医药企业选择通过外包给合同研究组织（contract research organization，CRO）的方式取得创新药物，而外包必然涉及知识产权归属问题，因此也是中国证券监督管理委员会关注的重点。例如北京某生物技术集团股份公司（科创板已上市）在首轮问询中被问及与合作的 CRO 进行相关项目的临床试验是否存在知识产权泄密情况或泄密风险。

一般而言，问询的焦点包括合作的具体模式、合同协议约定、项目主题及内容、权利义务关系、费用及成果归属、现阶段项目进展等。如果涉及跨境合作，还需符合所在地法律法规及伦理道德要求。

发行人需要通过答复释明发行人和 CRO 受托方在研发过程中的角色定位和具体分工，其核心在于使评审机构相信发行人的持续经营能力不依赖于 CRO 研发项目或 CRO 合作单位，且对核心技术和研发工艺享有清晰的知识产权。

二、知识产权与核心技术

知识产权，尤其是专利，关乎发行人的科创属性，在审核与问询的过程中无疑是关注的重点。综合来看，该部分的审核要点繁多，但最终的落脚点集中在发行人的技术独立性与合法合规两个维度。然而监管机构的问询并不是孤立的，除了对知识产权权利本身的关注之外，知识产权对于企业生产经营的影响也是审核问询的题中之义。由于整个研发链条中可能存在 CRO 的参与，因此外包机构的资质也是审核机构关注的重点。对于企业 IPO 上市辅导机构而言，应当结合发行人的实际情况审慎核查上述事项。

核查的重点包括：①核心技术与对应专利的形成过程，专利到期后对生产经营的影响，在研产品的研究进度与权利归属；②涉及合作研发的，关注发行人参与的环节，费用的分配与成果的归属；③涉及专利许可的，关注受让专利的背景、对价、权利瑕疵以及该专利对发行人生产经营的重要性等。另外，知识产权的诉讼、仲裁往往也会成为问询的焦点。

三、核心技术人员

核心技术人员的认定依据包括核心技术人员的离职原因及离职后的从业情况，是否涉及保密义务与竞业限制，近 2 年董事、高管、核心技术人员是否构成重大不利变化等都是审核的要点。另外，如果企业的核心技术人员此前在同行业企业有从业经历的，是否相应地涉及保密义务与竞业限制也会是关注的重点。

核心技术人员的认定是一道命中率很高的问答题，对于该问题可以从该人员的入职年限、学历背景、工作经验、所任职位、研发方向、科研成果、所获荣誉等多方面作答。保密义务与竞业限制要从两个维度进行考察：其一，对于现任董事、监事、高管以及核心技术人员是否签署了保密协议与竞业限制协议，落脚点为是否建立切实有效的机制防止技术外泄，削弱公司的竞争力；其二，结合董事、监事、高管及核心技术人员的从业经历、入职时间，确认他们对公司的技术贡献是否违反在先的保密协议或竞业限制协议。同时关注是否存在将职务发明投入发行人的情况。

四、许可技术问题

由于国内外医药企业发展差异，许多海外医药企业拥有出色而先进的研发管线，因此国内医药企业从优秀同行中取得授权许可，是一条快速获得前沿技术、站在巨人肩膀上"弯道超车"的高速通路。

在此情况下，发行人本身技术的完备性以及持续发展能力显得尤为重要。例如厦门某生物工程股份有限公司（科创板已上市）曾被问及授权专利技术与核心技术的关系，以及是否对授予的专利独占实施许可存在依赖。

对于此类问题，建议企业在接受技术许可时对许可范围、使用期限、许可类型、许可费缴付方式和金额进行充分约定，同时在完成技术许可后及时备案。

根据《专利实施许可合同备案办法》及 2023 年修订的《专利法实施细则》的有关规定，专利权人与他人订立的专利实施许可合同，应当自合同生效之日起 3 个月内向国务院专利行政部门备案。及时备案不仅是合规流程的一部分，而且能满足《民法典》公示的客观要件，从而可以对抗第三人，等同于巩固和保障了被许可人按照合同约定充分行使专利权。

五、临床用药资质问题

药物研发离不开临床试验的环节，为了降本增效，部分医药企业在临床试验阶段会引入合同生产组织（contract manufacture organization，CMO）进行药物批量生产。相应的，CMO 的资质、流程是否合规，原料来源、质控品控是否达到要求也是医药企业容易被问到的问题。

根据输出产品的差异，可以将 CMO 区分为生产原料药的 CMO 和生产制剂的 CMO。前者一般会比后者资质要求更高。在制剂 CMO 阶段，制剂处方工艺开发、处方前验证、处方优化及样品生产需要具备相应药品生产许可证和达到药品生产质量管理规范（GMP）要求的生产环境。而制剂处方前研究、制剂生产中控、分析方法验证及稳定性研究则无需特殊资质要求。

六、企业治理

对于生物医药企业来说，监管机构重点关注环保与质检两个方面。其审核要点包括：①主要污染物的排放量，环保设施的实际运行情况，环保投入与排污量的匹配情况，危险废物的处理资质，排污许可证能否续期及其影响；②是否存在质量问题或召回事件，是否存在医疗事故或医疗纠纷，公司的安全生产制度是否有效运行。另外，因为质量或环保的问题相应产生的行政处罚或者诉讼、仲裁也是审核的重点。

七、经销的模式

在实现产品向终端的流通过程中，往往存在经销商的身影。上海证券交易所除了要求企业 IPO 上市辅导机构对上述问题进行答复，一般还要求补充回答企业 IPO 上市辅导机构对经销模式的核查方式、核查标准、核查比例等，同时对收入的真实性发表意见。如果产品存在境外销售的，企业 IPO 上市辅导机构还需要留意产品销往的国家或地区，具体产品的种类、单价和主要客户等。

经销模式审核的要点包括经销商的选取标准、定价机制，是否具备相应的资质，销售的最终流向及终端客户，是否违反规定销售给非医疗机构，与经销商是否具有关联关系，是否建立产品追溯体系。

八、行业政策的影响

由于生物医药行业受行业政策影响极大，上海交易证券所对行业政策给发行人的商业模式、持续经营能力带来的影响格外关注。如果发行人的某款核心产品被纳入了医保目录，企业 IPO 上市辅导机构有必要核查其是否有被调出医保目录的风险。如果发行人的某款核心产品从生产企业到药房，中间的代理商、分销商、经销商数目较多，则需要关注药品采购中"两票制"对发行人的影响。如果发行人涉及仿制药的研发，企业 IPO 上市辅导机构应当关注该药物一致性评价的进度与结果。

关于行业政策的审核要点包括进入医保目录的情况、招投标的合规性、两票制、一致性评价、辅助用药、带量采购等给发行人带来的影响。另外，还应结合行业政策、市场环境，具体分析相关药物未来的收益情况。

九、商业贿赂

鉴于在医药行业，学术推广是应用广泛的营销模式。但是，在学术推广中，往往存在各种名目的费用、回扣。企业 IPO 上市辅导机构应当关注发行人有关反商业贿赂的内控制度，以及与代理商、经销商等签订的有关反商业贿赂的书面文件。另外，无论学术推广还是业务宣传，抑或是其他类似名目，包括但不限于对客户的"买赠"促销，以及用于推广的支出与销售收入的匹配度。

关于商业贿赂审核要点包括学术研讨会的详情、学术推广费用的构成、报销的方式、销售费用持续增加的原因及合理性、是否有商业贿赂、有关商业贿赂的内控制度的制定及执行情况。

生物医药企业上市是一条崎岖的山路。科创板为培育生物医药企业提供了很好的资本土壤，其不仅对尚未盈利的研发型医药企业发展予以帮助，而且对其他符合科创属性的生物医药公司敞开怀抱。但生物医药不是资本市场的通行证。

随着 2019 年修订的《药品管理法》生效，我国医疗行业的改革仍在不断深化；而 2019 年修订的《证券法》及一系列相关规定的出台，也见证了我国医药企业在市场中不断探索和前行。拟登陆科创板的生物医药企业应当对监管态势与行业政策保持足够的关注。

网络短视频平台的著作权侵权责任认定

郝明英

净化网络短视频传播环境，规范网络短视频市场，明确网络短视频平台的法律责任，须从违法行为、主观过错、损害事实及因果关系四个要素进行分析。网络短视频平台侵权责任的认定，重点在于判定主观过错及适用免责条款。"避风港"原则、"红旗"原则是判断网络短视频平台主观过错的重要考量因素。平台是否承担了相应注意义务同样会影响侵权责任的判定。建议统一过错责任认定标准，明确平台注意义务，并完善"避风港"原则具体内容。

一、问题的提出

得益于互联网技术下新媒体的突飞猛进，计算机及手机应用的不断升级，"短小精悍"的短视频成为网络用户的宠儿。根据《2019短视频内容营销趋势白皮书（完整版）》，2018年中国短视频用户规模达5.08亿人。❶短视频的快速普及造成了侵权案件的高发，也为相关责任判定带来了困难。一方面，短视频及网络短视频平台侵权问题严重。短视频因其篇幅短

---

❶ 卡思数据. 2019短视频内容营销趋势白皮书（完整版）[EB/OL]. (2018 – 12 – 25) [2019 – 04 – 26]. https://www.woshipm.com/it/1776762.html.

小、主题明确而备受关注与喜爱，其盈利主要通过贴片广告、信息流广告、植入式软广告进行，短视频的流量决定了其盈利。短视频传播便利，作为其传播载体的网络平台发挥了重要作用，同时网络短视频侵权现象也十分严重。2018年，面对短视频平台良莠不齐且侵权频发的现状，国家开展了专项打击行动，调查了15家涉嫌网络侵权的知名短视频平台，清除违规短视频约57万条，力度之大、数量之多为近年之最。❶ 严重的短视频侵权现象不利于维护权利人的利益，也不利于构建健康、有序的网络传播环境。另一方面，在涉及短视频侵权相关案件中，短视频的性质及网络平台的责任认定存在难题。短视频是指视频长度限定在一定时间内，依托网络短视频平台编辑、传播的视频内容形式。常见的短视频有短纪录片、街头采访、自拍视频、短视频混剪等。短视频由于创作门槛低、主题明确、时长较短，部分短视频类型制作方式单一，有关其作品属性的判定存在难题。短视频侵权案件中，网络平台的责任认定亦是重点与难点问题。在某件涉及著作权权属、侵权纠纷案中，被告以"避风港"原则为由提出抗辩。"避风港"原则已经成为网络平台侵权免责的主要工具，笔者要研究的问题主要包括：①如何利用"避风港"原则对网络平台侵权责任进行认定；②除"避风港"原则外，在短视频侵权中，如何认定网络平台的侵权责任；③短视频传播中，网络平台应承担怎样的责任。

二、网络平台侵权责任构成要件

网络服务提供者是为网络信息交流提供中介服务的第三方主体。网络短视频平台集内容服务、接入服务与存储空间服务于一体，是网络服务提供者的一种类型。根据短视频创作类型及渠道不同，网络平台发挥不同作用，但其基本服务是平台服务，即信息存储空间服务。判定网络短视频平台是否构成著作权侵权，须明确共同侵权的概念，并分析其侵权责任的构成要件。

---

❶ 史竞男. 15家短视频平台下架侵权盗版作品57万部［EB/OL］. (2018-11-09)［2019-03-15］. https://baijiahao.baidu.com/s?id=1616624307561358404&wfr=spider&for=pc.

（一）直接侵权与共同侵权

网络平台涉及的侵权责任类型主要为直接侵权与共同侵权。在判定网络服务提供者侵权责任过程中，多数学者采用"间接侵权"（indirect infringement）这一表述。"间接侵权"与"直接侵权"（direct infringment）相对应，指没有实施受著作权专有权利控制的行为，但故意引诱他人实施"直接侵权"，或者在明知或应知他人即将或正在实施"直接侵权"时为其提供实质性帮助，以及特定情况下"直接侵权"的准备和扩大其侵权后果的行为。"间接侵权"是英美法系国家的法律概念，我国在《民法典》第1168条中规定了共同侵权，在第1169条中规定了教唆侵权、帮助侵权。我国在《信息网络传播权保护条例》第23条中规定了网络搜索与链接服务提供者的共同侵权责任。《最高人民法院关于审理侵害信息网络传播权民事纠纷案件适用法律若干问题的规定》（以下简称《信息网络传播权司法解释》）第7条则规定了网络服务提供者的教唆、帮助侵权。由此可见，在我国当前理论基础与立法环境下进行分析研究，采用"共同侵权"这一概念更为准确。

（二）平台侵权责任构成要件

我国法律并未明确规定侵权责任构成要件，根据有关学理、司法实践的探讨，判定某一行为是否构成侵权通常采用"四要件说"，即违法行为、损害事实、因果关系及主观过错。判断网络平台的侵权责任，同样需从上述四个方面进行分析。在网络平台侵权责任认定中，损害事实与因果关系的判定基本不存在争议，笔者主要分析网络平台的违法行为和主观过错。

违法行为包含行为和违法性两个要素。网络平台的行为要素主要指"提供行为"，包括提供内容和提供服务两方面。违法性要素包括违反了法定义务、违反了保护他人为目的的法律等。网络平台提供行为的违法性主要在于判断其行为是否损害了权利人的合法权益。在认定网络平台侵权责任中，对违法行为的判断主要是看其行为是否构成法律规定的"提供"行为。就提供内容而言,《信息网络传播权司法解释》第 3 条、第 4 条规定了网络平台直接或共同提供作品、表演、录音录像制品,构成直接侵权或共同侵权。就提供技术服务而言,上述司法解释第 4 条第 2 款规定,网络平台仅提供技术服务,且无过错的,不构成侵权。由此可见,关于网络平台的提供行为,可以从两个方面讨论:网络平台直接或共同提供侵权作品,平台构成侵权,须承担侵权责任;网络平台仅提供技术服务,应进一步分析其是否存在主观过错。

主观过错包括故意和过失两种心理状态。根据《信息网络传播权司法解释》第 8 条规定,确定明知或应知是判断网络平台侵权责任的重要因素,但我国法律对网络平台主观过错的表述与认定标准并不统一。我国法规及司法解释中有关网络服务提供商过错认定的表述如表 1 所示。

表 1　我国法规及司法解释中有关网络服务提供商过错认定的表述

法规及司法解释名称	相应条文	具体表述
《著作权法(修订草案送审稿)》	第 73 条	知道或者应当知道
《信息网络传播权保护条例》	第 22 条	不知道也没有合理理由应当知道
	第 23 条	明知与应知
《信息网络传播权司法解释》	第 8 条	明知与应知
《电子商务法》	第 45 条	知道或者应当知道

法律、法规与司法解释采用的表述为"知道或者应当知道""明知与应知",但并未具体解释何为"明知""应知"。2010 年 5 月,《北京市高级人民法院关于审理涉及网络环境下著作权纠纷案件若干问题的指导意见(一)(试行)》发布,其中解释了"知道"与"有理由应当知道"。但该意见并未明确"知道"或者"有合理理由知道"的具体判断要素。结合主观过错的认定标准、网络服务提供者的注意义务与法律责任,确定"明知"时,一是可以通过网络平台承认其知晓侵权行为存在进行确认,这种情形仅适用于极少数情形;二是利用"通知—删除"规则中的"通知"进行证明。实践中,权利人向网络服务提供者发送符合条例及司法解释规定的通知即可认定网络服务提供者明知其网络用户侵害信息网络传播权。《信息网络传播权司法解释》第 13 条确认了通知可以构成"明知"的认定

标准。

确定是否应知，有两个层面的判断标准。一般情况下，通过综合考虑网络平台应承担的法律义务与注意义务，来判断其是否应知侵权行为的存在是第一个层面的判断标准。《信息网络传播权司法解释》第9条规定了判定应知的具体考虑因素。第二个层面的判断标准为"红旗"原则，"红旗"原则是"避风港"原则的例外使用，指当平台中内容的侵权性质已经显而易见，网络服务提供者不能采取不闻不问、视而不见的"鸵鸟政策"，放任侵权内容的传播。《信息网络传播权司法解释》第10条、第12条规定了网络平台应知网络用户侵害信息网络传播权的情形。

由此可见，判定网络平台是否构成侵权，是否应承担共同侵权责任，重点在于分析其是否存在主观过错，从"明知"与"应知"两个角度进行判定。判定明知主要通过"通知—删除"规则予以确认；判定应知主要根据网络平台是否尽到相应义务及"红旗"原则进行确定。

三、网络短视频平台著作权侵权责任认定要素分析

分析网络短视频平台的著作权侵权责任认定，首先需明确短视频的性质。目前司法判例已经确认具有独创性的短视频可以构成作品，视频长短与独创性判定没有必然联系；不具有独创性的短视频可以构成录像制品。例如某件涉及短视频的著作权侵权纠纷案，法院认为，虽然涉案短视频时长短，在某种程度上可能限制了作者的表达空间，但不能因其有限的表达形式就认为其属于思想范畴的产物，涉案短视频是独立创作，体现了制作者的个性化表达，具有独创性，属于以类似摄制电影的方法创作的作品。笔者赞同该案判决观点，即视频时间的长短并不能成为判断独创性的决定性因素。就短视频而言，不论是类电作品还是录像制品，在网络传播中权利人都享有信息网络传播权。由于短视频主要通过各短视频平台制作、发布与传播，平台与用户之间的协议通常会约定平台获得相关短视频的信息网络传播权，因此短视频的上浮水印不仅有用户的短视频平台的账号信

息，表明著作权或相关权利的管理信息，而且会有平台水印，表明传播者身份。明确短视频的性质与网络短视频平台的传播者身份后，即可通过上文平台侵权责任构成要件分析网络短视频平台的著作权侵权责任。网络平台侵权责任认定重点在于判定主观过错，判定网络平台的主观过错主要通过"通知—删除"规则、平台义务履行情况及"红旗"原则进行确定。

（一）"避风港"原则

"避风港"原则即上文提及的"通知—删除"规则，指发生著作权侵权时，若网络服务提供者仅提供技术服务，当被通知存在侵权情况时，应及时采取必要措施，否则应承担相应的连带责任。关于"避风港"原则是属于侵权责任构成要件还是免责条款，有学者对此持有疑问。笔者认为"避风港"原则中的通知属于网络平台侵权责任构成要件，即符合法律规定的通知可以促使网络平台"知道"侵权行为的存在。此时可确定网络平台"明知"侵权行为，依然未采取必要措施，存在主观过错。"通知—删除"规则属于免责条款，当网络平台仅提供技术服务，权利人发送通知，网络短视频平台采取相应措施后，此时虽然网络短视频平台出现了相应的侵权行为，但由于平台及时采取了必要措施，不用承担连带责任，视为免责条款。

《信息网络传播权保护条例》第14条增加了反通知及相关要求。在判断网络短视频平台侵权责任过程中，涉案短视频平台均会援引"避风港"原则说明其属于"技术中立"，具有"非实质侵权用途"。某件涉及著作权权属、侵权纠纷案中，被告即以"避风港"原则为抗辩理由并胜诉。法院认为被告提供的是信息存储空间服务，对平台注册用户提供被控侵权短视频的行为，不具有主观过错，在履行了"通知—删除"的义务后，不构成侵权行为。该案还涉及通知效力的问题，即原告声称以电子邮件和纸质投诉函两种方式进行通知，因无法证明电子邮件到达被告电子邮件系统，法院未认可电子邮件通知的效力。在"避风港"原则适用过程中，有效的通知是制度适用的前提。

1. 通知规则

关于有效的通知，法律并未规定通知的适格性。有关通知的形式及内容等要求散见于行政法规与司法解释。《信息网络传播权司法解释》第 13 条规定，通知可以书信、传真、电子邮件等方式提交，这一规定要求通知需以"书面"方式提起。在对是否通知发生争议时，应由请求人证明已进行通知。《信息网络传播权保护条例》第 14 条规定了通知书的内容。《电子商务法》第 42 条同样规定了"通知—删除"的规则，且进一步规定通知错误及恶意发出错误通知须承担法律责任。其中恶意发出错误通知需加倍承担赔偿责任，但并未明确"恶意"的构成要件及"加倍"的具体要求。网络短视频平台相关问题虽然不适用《电子商务法》，但其相关规定可用来作为对比分析。

司法实践中对于有效通知的标准主要是基于有效的网络地址。网络地址便于定位侵权作品的位置。但随着技术发展，出现了新的可定位侵权作品位置的信息，如 MD5 值等，这就需要司法实践与法律及时进行反应，明确其效力。MD5 值是一种密码散列函数，用于确保信息传输完整一致，短视频也具有 MD5 值，且每一个 MD5 值对于短视频而言都是独一无二的。在某件涉及网络传播权纠纷案中，法院认可了 MD5 值作为定位侵权作品信息的效力，但也引发了极大争议。突破现有规定，确立新的通知标准，需要进一步讨论该技术实现的可能性和实效性，把握好相关利益的平衡。关于构成侵权的初步证明材料判定标准，一般而言应由具备法律专业知识的人来进行判断。但是在实践中，由于不能要求网络短视频平台都聘请法律服务者来处理通知的适格性问题，因此存在反通知的必要性问题。

网络短视频平台收到符合规定的通知后，可以要求受害人就通知书的真实性作出承诺，也可以将受害人的通知提交给网络用户，要求网络用户作出答复。但根据法律规定，只要网络短视频平台接到通知，就应当及时采取必要措施。《民法典》第 1196 条规定了网络用户反通知的权利和网络服务提供者转通知的义务，为网络用户提供了有效的救济途径。《信息网络传播权司法解释》第 14 条规定了判定网络平台采取必要措施是否及时的因素。而关于网络短视频平台处理侵权通知的"合理期限"并没有统一规定，部分平台内部处理期限定为 15~30 天，但这种期限仅是内部管理规定，并不能作为司法实践中判断的依据。

2. 反通知规则

反通知规则细分为转通知、反通知与二次转通知。关于转通知，《信息网络传播权保护条例》第 15 条规定，网络服务提供者接到权利人通知后，采取措施的同时将通知书转送提供内容的网络用户，对于无法转送的，应在信息网络上加以公告。可见，目前法律关于转通知的要求是接到通知后，采取必要措施的同时，但并未规定网络平台未进行转通知需要承担怎样的法律责任。

关于反通知，《信息网络传播权保护条例》第 16 条规定，网络用户接到转通知后，认为其未侵权的，可向平台提交书面说明，要求恢复被删除或断开链接的作品等，书面通知内容与有效通知要求的内容一致。除反通知外，《电子商务法》第 43 条增加了二次转通知要求，即"电子商务平台经营者接到声明后，应将声明转送发出通知的知识产权权利人，并告知其可以向有关主管部门投诉或向人民法院起诉。电子商务平台经营者在转送声明到达知识产权权利人后 15 日内，未收到权利人已经投诉或者起诉通知的，应当及时终止所采取的措施。"《电子商务法》则进一步细化了"避风港"原则的适用流程。网络短视频平台侵权责任认定是否有必要加入二次转通知的规定有待进一步论证。反通知规则引入的目的在于将不构成侵权的举证与抗辩责任分配给网络用户，从而减少网络平台的审查成本，降低其法律风险。该规则对于保护网络用户合法权益、限制通知规则滥用、探明事实真相、维护网络信息自由流通，以及最终解决侵权纠纷具有重要制度意义。

（二）"红旗"原则

"红旗"原则的判定需要从主观和客观两个角度进行。主观标准为网络平台是否意识到侵权行为的相关事实或情况，客观标准为一个理性人在面对相同或相似情况时能否发现侵权行为。我国法律制度中并未明确提到

"红旗"原则,但笔者认为"红旗"原则是判断网络平台是否"应知"的重要因素。《信息网络传播权司法解释》第 10 条规定,网络平台对热播影视作品等以设置榜单、目录、索引等方式进行推荐的,认定其应知侵权行为的存在。第 12 条规定了提供信息存储空间服务的网络服务提供者"应知"的判断要素。

判断网络短视频平台是否"应知"侵犯知识产权行为的存在,可借鉴《信息网络传播权司法解释》中的相关规定。平台对相关作品或录像制品进行了置顶、编辑等操作,应负有较大的注意义务,相关作品或录像制品确属侵权作品,平台应与网络用户一起承担连带侵权责任。判断网络短视频平台对侵权行为是否"应知",还应与平台的审查义务、注意义务等相互结合进行综合判断。

(三) 平台注意义务

注意义务是指为避免侵害权益而谨慎地作为或者不作为的义务。注意义务是判断过失的基准,是连接行为和过失的纽带。过失即意味着对注意义务的违反。分析网络短视频平台的注意义务主要分析其是否具有事前的审查义务及事后相应的制止义务。

1. 网络短视频平台不具有事先审查义务

作为信息存储空间服务者,平台内容主要由用户上传,网络短视频平台不是平台内容的实际发布者,也不是复制、发行行为的实际实施者。网络中信息众多,要求作为信息存储空间服务者的平台对用户上传信息进行事先审查,这一要求不现实,也违背互联网环境下信息快速传播的要求。但在"剑网 2018"专项行动中,相关行政管理部门要求网络短视频平台建立三审三查版权审核制度,《网络短视频平台管理规范》要求网络短视频平台实行节目内容先审后播制度。当然,行政管理是网络短视频平台规范发展的一种手段,与其立法、司法保护存在价值不同,并不能作为网络短视频平台是否构成侵权的判定要件与要素。

2. 网络短视频平台具有相应的注意义务

该注意义务与主观过错的认定具有密切联系。《信息网络传播权司法解释》第 9 条规定了网络平台构成"应知"的考虑因素。分析网络平台的注意义务，主要从以下三个方面进行。第一，平台注意义务需要与技术发展现状相匹配，当技术发展到一定阶段，平台在成本不高的前提下，采用特定技术措施可以过滤侵权信息、降低侵权风险，此时平台应负有相应注意义务。有司法案例显示，网络平台采取一定的预防侵权措施，可证明平台不具有主观过错。如某件涉及侵害录音录像制作者权纠纷案，一审法院认为被告在平台管理中通过对上传视频进行硬件审核、对热播影视剧进行软件审核等方式，采取了预防侵权的合理措施，不具有过错，不构成帮助侵权。二审法院认可一审法院判决，并指出存储空间"避风港"对服务商主观过错的要求是"明显感知侵权"，这比帮助侵权的注意义务、对主观过错的要求要低。第二，从传播内容角度分析网络短视频平台的注意义务。如果传播内容属于"热播影视作品"，则平台应负有较高的注意义务，此判断可结合"红旗"原则进行分析。第三，根据权利义务相统一的原则，针对平台获得经济利益的内容，平台应具备较高的注意义务。《信息网络传播权司法解释》第 11 条规定，网络服务提供者直接获得经济利益的，应当认定其负有较高的注意义务。直接获得经济利益的行为包括针对特定作品投放广告获取收益，以及与其传播作品存在特定联系的经济利益。

四、完善网络短视频平台著作权侵权责任认定标准的建议

在网络平台的知识产权侵权责任判定中，著作权侵权责任判定标准较为完善，《民法典》第 1165 条指出，行为人因过错侵害他人民事权益造成损害的，应当承担侵权责任。依照法律规定推定行为人有过错，其不能证明自己没有过错的，应当承担侵权责任。《信息网络传播权保护条例》明确与细化了"通知—删除"规则。《信息网络传播权司法解释》对主观过错的认定有了具体的判定标准。网络短视频平台作为提供信息存储空间服务的网络服务提供者，其著作权侵权责任判定标准最为完善。即便如此，

我国目前针对网络平台的著作权侵权责任认定标准仍存在较多问题,需要通过理论研究、立法、司法与行业保护共同解决。

(一)统一过错责任认定标准

通过上文论述,可知我国就网络服务提供者的过错责任并未形成统一的规定。第一,有关过错的法律用语不统一。法律、行政法规、司法解释采用的概念有"知道""知道或应当知道""明知或应知"。《著作权法(修订草案送审稿)》采用的是"知道或应当知道"。笔者建议在《著作权法》修改过程中制定相应的条例、司法解释时,统一用语。同时在《商标法》《专利法》修改过程中,若要引入"避风港"原则,相应的用语也保持一致,体现法律的统一性。第二,关于"明知"。判定"明知"主要通过通知方式确认,具体完善建议在"通知—删除"规则中予以详述。第三,关于"应知",我国相关法律并未规定具体的判定要素,也未制定可量化衡量与判断的指标。而"红旗"原则的适用,对于确定网络平台的侵权责任,平衡网络平台与权利人之间的利益具有重要意义。为促进法律的实施,方便法律的适用,建议进一步明确"应知"的判定标准,从而促进网络平台在信息传播过程中是否存在主观过错的判断。一方面,通过原则性、概括式的解释,明确"应知"判定的一般规则,即一个理性人在面对相同或相似情况时能否发现侵权行为;另一方面,通过列举方式说明网络平台"应知"侵权行为存在的情形,如《信息网络传播权司法解释》中对提供信息存储空间服务的网络服务提供者"应知"判断要素的说明。

(二)明确平台注意义务

关于平台主观过错的认定还应与平台的义务相结合进行判定。关于平台注意义务,主要是明确网络短视频平台并不具有事先的审查义务,平台设置事前预防侵权的措施只能作为判断主观过错的辅助因素。随着网络技术发展及网络侵权增多,各国也在寻求更有利于网络平台信息传播与权利保护的方式。2018 年,欧盟通过《数字化单一市场版权指令(草案)》第二次修订版，其中具有争议的条款是第 13 条有关"上传过滤器"的内容，其要求互联网平台设置过滤器，提前审查上传文件，否则将为网络用户侵权行为承担法律责任。欧盟对网络服务提供者一直奉行严格保护的态度，此项要求也说明未来对于网络服务提供者的义务将会随网络技术发展而不断变化，将有加重趋势。美国的知识产权间接侵权责任包括协助侵权、引诱侵权与替代侵权。我国未引入替代侵权相关内容。替代侵权是指当被告有权利和能力控制他人的直接侵权行为，同时与直接侵权行为有明显而直接的经济利益时，被告要为他人的直接侵权行为承担替代责任。这是一种比帮助侵权更为严厉的严格责任，因为法院无须考虑经营者本身的主观态度对错。随着互联网技术的进步，网络平台可利用更先进技术识别与制止侵权，而为了平衡网络平台与权利人之间的利益，法律也将赋予网络平台更重的责任和注意义务。

由此可见，美国和欧盟在坚持"通知—删除"规则的前提下，随着信息技术与网络技术的发展，对网络平台的注意义务不断增加。不论是美国法律中对于重复侵权行为的制止要求，还是欧盟《数字化统一市场版权指令（草案）》中关于上传过滤器的要求，都是在不断平衡权利人和网络服务提供者之间的利益。有关网络服务提供者的注意义务并非一成不变，随着技术发展，其注意义务也会有不同内容，相应的主观过错判定标准与要素也会存在不同要求，需要结合时代发展特点具体分析与应对。现阶段，根据技术发展现状，在不过度增加网络平台侵权审查成本的基础上，适度增加网络平台的注意义务，是发展趋势，也是可实现的措施。

（三）完善"避风港"原则具体内容

我国《信息网络传播权保护条例》等法律法规规定了通知与反通知制度，但相关内容仅是原则性的规定，缺乏具体可操作落实的标准。在《著作权法》及其相关实施条例修改、《电子商务法》及其实施细则制定过程中，需进一步明确通知与反通知的标准，推动"避风港"原则的完善，从而平衡权利人、被诉侵权人、网络平台之间的利益。

1. 明确通知的标准

第一，明确何为有效的通知及其法律效果。美国数字千年版权法规定有效通知应包括：被侵权的受版权保护作品的标识、侵权主体材料、删除或禁止访问的材料及合理足以允许服务提供者查找材料的信息，合理足以允许服务提供者联系投诉方的信息，声明投诉方确信以所投诉的方式使用该材料未经版权所有者，声明通知中的信息准确且接受伪证处罚。我国有关有效通知的内容规定于《信息网络传播权保护条例》，其法律位阶决定规则的适用具有一定局限性，且条例中关于定位信息的要求仅是网络地址，这一要求已经不能完全适应网络技术的进步与发展。建议以概括性要求加以规定，并以列举方式说明足以定位信息的内容，包括网络网址等。第二，《电子商务法》规定了通知错误与恶意错误通知应承担相应法律责任，建议进一步论证网络短视频平台侵权责任认定中是否有必要引入该规定，并明确"恶意"的构成要件及"加倍"承担赔偿责任的具体要求。

2. 明确反通知的标准

第一，我国法律法规规定了网络平台应当在接到通知采取必要措施时进行转通知，但并未规定网络平台未进行转通知需要承担怎样的法律责任。转通知是反通知的前提，是被控侵权人抗辩的机会。若权利人恶意提出侵权通知，而网络平台未采取转通知的手段，对被控侵权人遭受的损失是否要承担连带责任，需要法律及司法实践进一步明确。第二，我国法律规定了反通知，但尚未设置保证金制度。此处的保证金是指在被控侵权人提出不侵权声明后，为保证其不侵权声明真实，减轻网络平台审查判定的义务，提供相应金钱担保，以恢复删除的作品或作品链接。当最终证明侵权成立时，网络平台可以用保证金先行赔付权利人损失。不仅可以针对反通知设立保证金，而且可以针对通知设立保证金，通过保证金制度可以减少恶意通知，弥补权利人或被控侵权人的利益损失。

在移动互联网时代，网络短视频平台侵权问题严重。分析网络短视频平台的著作权侵权责任认定标准，是从法律层面明晰网络短视频平台的义务及应当承担的法律责任。但就平台治理而言，法律及司法保护仅仅是网络短视频平台著作权保护的一环。要解决网络短视频侵权乱象，一方面需要完善法律制度，明确网络平台的侵权责任及法定义务；另一方面需要加强行政执法与行业保护。相关主管部门应加强网络短视频平台治理规范的制定，通过高效的网络行政执法，可以快速净化网络环境。此外，在网络短视频的传播中，网络平台发挥重要作用，随着技术的进步与发展，网络平台可以通过高效的技术手段加强内容管理，网络短视频行业组织也应当制定相应的自律规范，通过行业自律规范短视频的传播。

区块链的力量：区块链与数字著作权保护

许 浑

区块链不仅在引领新一轮技术和产业变革，而且与数字著作权保护关系紧密。那么，区块链是如何从一项神秘技术变成整个知识产权行业都在津津乐道的新风向？这场由区块链引发的信任革命，又将对全球经济释放怎样巨大的潜力？笔者对此进行探讨。

一、区块链

简单来说，区块链是一种去中心化的分布式账本数据库，在日常生活中的医疗、供应链、安全认证、食品药品溯源、社交等领域都有着区块链的身影。

传统的交易通常要靠第三方可信的平台，例如，转账会通过银行，购物会通过淘宝，股票交易会通过证券交易所。其间，第三方平台承担了一个信用作用。区块链技术将传统的密码学、分布式数据库、网络技术以及软件技术集成创新在一起，形成一种第三方去中心化的特点，使得网络上的信息能够溯源、不可篡改，达到以前用高额代价才能维护的一种信任机制。

同时，区块链在社会生活中的应用场景将会非常广泛，例如车辆的全生命周期，从生产到使用再到检验过程，如果都上链的话，那么交通出行安全就有了一定的保证。另外，从医疗和教育角度来讲，学生的户籍档案、患者的电子病历都可以通过上链实现数据共享。

区块链技术的特性决定了其适合参与方比较多、交易链条比较长、中心化效率低、不够透明、缺乏信任等问题的场景。简单地说，区块链的核心就是进一步增强数据的可信度。

二、区块链作证

区块链作证作为一种新型电子证据保全技术，与传统公证处相比，在时间和费用成本方面具有明显优势。

一方面，用区块链技术存证的价格可能只有传统公证处的1/1000；另一方面，对于过去需要通过使馆公证、认证的境外权利人而言，可以免去烦琐的主体资格证明。

此外，区块链存证通常只需几秒钟，无需等待数天的公证证书。近年来，我国法院越来越认可使用区块链沉积，特别是在数字著作权纠纷领域，这已成为一种趋势。

三、区块链沉积主要流程

一个完整的区块链沉淀平台分为三个部分：应用层、系统层和管理层。其中，应用层是开放给用户提供服务接口的；系统层包括区块链、时间戳、智能合约等技术；管理层由司法机关或第三方平台等机构节点组成，保证取证载体和取证数据的真实性。

用户首先将采集的网页截图、视频数据等侵权证据提交给应用层，然后系统层将证据存储在区块链中，并通过密码算法生成证据的唯一哈希值和对应的存证号、时间戳等技术，应用层将沉积编号返回给用户。

当发生诉讼时，用户向互联网法院提交取证号和电子证据，法院将根据取证号获取取证平台中存储的电子证据，并以此判断证据的证明价值。

四、中国首例区块链取证司法案件

杭州互联网法院审理的某区块链取证案是国内首例关于区块链技术取证的民事案件。该案以判决书形式确认了区块链技术取证电子数据的证据效力，明确了区块链技术形成的电子证据审查内容，标志着司法领域对区块链取证的认可。

以某件涉及作品信息网络传播权纠纷案为例，在该案中，原告认定被告未经授权在其网站上发布了原告拥有著作权的文章，原告认为被告侵犯其著作权，并通过应用程序开发（API）接口将侵权网页的统一资源定位符（URL）传输到网络并保存，申请修复侵权网页。

该网站通过 puppeteer 插件和 curl 插件截图获取目标网页的源代码，生成操作日志，记录调用时间，打包上述内容计算其值，上传至公证通（Factom）以及用于电子数据保存的比特币区块链。

区块链取证后，原告向法院提起对被告的著作权侵权诉讼。在诉讼中，法证鉴定中心通过查询 Factom 和比特币区块链，对比了存储在区块链中的数据，得出的结论是涉案文章在保存后没有被修改过。

法院再次按照司法鉴定中心的鉴定步骤对存储在区块链上的电子数据进行了 Factom 和比特币区块链查询，查询结果与鉴定中心鉴定结果一致。

此外，在百度搜索"哈希计算工具"，通过 ATool 在线工具对侵权文件包进行哈希计算，得到的 SHA-256 值与 Factom 中存储的内容一致。基于此，法院最终认定被告在该案中构成侵权。

五、最高人民法院对区块链取证的认定

最高人民法院的若干司法解释和意见中，在一定程度上认可了区块链取证的真实性。最高人民法院允许和鼓励权利人在数字版权纠纷中使用区

块链取证作为证据。

2018 年发布的《最高人民法院关于互联网法院审理案件若干问题的规定》规定，互联网法院应当确认当事人提交的电子数据的真实性，可以通过取证、固定、防篡改等技术手段证明如电子签名、可信时间戳、哈希值验证、区块链，或通过电子取证平台认证。

2019 年发布的《最高人民法院关于民事诉讼证据的若干规定》规定，电子数据由记录和维护电子数据的中立第三方平台提供或者确认的，最高人民法院可以确认其真实性，但有充分证据证明的除外。

2020 年发布的《最高人民法院关于加强著作权及与著作权有关的权利保护的意见》规定，允许当事人通过区块链等方式保存、固定和提交证据，有效解决了知识产权权利人举证难的问题。

2021 年发布的《人民法院在线诉讼规则》第 16 条规定，当事人作为证据提交的电子数据系通过区块链技术存储，并经技术核验一致的，人民法院可以认定该电子数据上链后未经篡改，但有相反证据足以推翻的除外。第 19 条规定，当事人可以申请具有专门知识的人就区块链技术存储电子数据相关技术问题提出意见。人民法院可以根据当事人申请或者依职权，委托鉴定区块链技术存储电子数据的真实性，或者调取其他相关证据进行核对。

商业秘密保护中的竞业限制应用

穆 裕

一、引 言

商业秘密是指不为公众所知悉、具有商业价值并经权利人采取相应保密措施的技术信息、经营信息等商业信息。用人单位对于自身的商业秘密需要采取相应的保密措施,以避免商业秘密遭到泄露。

竞业限制,是指用人单位和知悉本单位商业秘密的劳动者约定,在终止或解除劳动合同后的一定期限内,不得在生产同类产品、经营同类业务或有其他竞争关系的用人单位任职,也不得自己生产与原单位有竞争关系的同类产品或经营同类业务。是否要求劳动者履行竞业限制的主动权在用人单位,对负有保密义务的劳动者,用人单位可以在劳动合同或者保密协议中与劳动者约定竞业限制条款,并约定在解除或者终止劳动合同后,在竞业限制期限内按月给予劳动者经济补偿。

因此,商业秘密是竞业限制制度存在的前提条件,反之,若用人单位不存在保护的商业秘密,竞业限制就失去了依托,签订的竞业限制协议也将失去效力。从本质上说,竞业限制制度是用人单位对其自身商业秘密保护的一种重要手段,但竞业限制制度的不当扩张也会损害劳动者的就业生存权,因此竞业限制制度需要平衡用人单位和员工之间的利益。

二、商业秘密保护中的竞业限制主体

在竞业限制纠纷司法实践中,竞业限制协议的效力认定多与"负有保密义务的人员"的判定有关,而竞业限制协议又存在被用人单位滥用的趋势。因此用人单位应准确判断相关岗位是否有接触其商业秘密的可能,从而决定是否与相关岗位的员工签订竞业限制协议。

《劳动合同法》第 24 条第 1 款规定,竞业限制的人员限于用人单位的高级管理人员、高级技术人员和其他负有保密义务的人员。竞业限制的主体范围为"负有保密义务的人员",即在工作中接触到用人单位商业秘密的人员,反之,对于职位较低或者职务所限根本无法接触商业秘密,也无任何机会接触的人员,无订立竞业限制协议的必要,不应当成为竞业限制的义务主体。

例如,在马某某与甲公司的竞业限制纠纷案中,法院认为,多晶硅项目是具有极高经济价值的商业秘密。马某某入职甲公司一直在多晶硅原料车间工作,对多晶硅的生产工艺流程应当有所了解,符合法律规定的"其他负有保密义务人员"的实质要件。再如,在李某与乙公司的竞业限制纠纷案中,法院认为,李某在乙公司担任保安,并不属于高级管理人员、高级技术人员之列,从该保密协议中并不能看出李某知晓乙公司何种商业秘密以及乙公司存在商业秘密。因此,仍需由乙公司举证证明其企业存在商业秘密,且该商业秘密为李某所知晓,但其未能举证证明,故其应承担举证不能的法律后果。由于乙公司限制李某的自由择业权无正当理由,乙公司与李某之间的竞业限制约定无效,李某无须向乙公司承担违约责任。

从上述案件可以看出,法院主要从两个方面考量竞业限制协议是否有效,一是用人单位拥有特定的商业秘密,二是劳动者存在接触商业秘密的可能。因此用人单位应考虑相关岗位是否有接触其商业秘密的可能,从而决定是否与相关岗位的员工签订竞业限制协议。

三、商业秘密保护中的竞业限制客体

竞业限制制度的初衷在于维护用人单位的正当商业利益,此处的商业利益除商业秘密外,还涉及用人单位为培养人才所投入的成本以及离职员工被竞争对手所利用而带来的商业损失。但能否把正当的商业利益狭隘地解释为商业秘密,抑或做扩大解释,这与本国的知识产权保护水平及产业政策息息相关。在我国,通常认为,正当利益主要包括商业秘密。《劳动合同法》第23条规定,用人单位与劳动者可以在劳动合同中约定保守用人单位的商业秘密和与知识产权相关的事项。因此,竞业限制制度保护的利益除了商业秘密,还包括与知识产权相关的事项,然而法律并未就知识产权相关的事项进行明确规定,司法实践中也较少关注竞业限制制度的客体问题。

四、商业秘密保护中的竞业限制时空和范围

竞业限制协议本质上是用人单位出于保护商业秘密的需要而与员工协商后所达成的一种约定竞业限制,因其事关员工的平等择业权,所以在其具体运用上必须加以合理规范和控制,更不得被肆意滥用。竞业限制适用所涉及的期限、区域及范围等应当具有合理性,否则可能涉嫌无效。

(一)竞业限制的期限

《劳动合同法》第24条第2款明确规定,竞业限制期限不得超过2年。该条规定在性质上属于效力性、强制性规范,因为竞业限制制度的设计初衷是要保用人单位的商业秘密不受侵犯,但也要保护劳动者的择业自由权和生存权不被过度限制,实现用人单位和劳动者之间的利益平衡。在司法实践中,如果约定的竞业限制期限超过2年,对于超过部分,都会被认定为无效。在马某某与乙公司的劳动争议案件中,对于双方签订的

《不竞争协议》第3.3款中关于竞业限制期限应将仲裁和诉讼的审理期限扣除的约定，法院认为属于《劳动合同法》第26条第1款规定的"用人单位免除其法定责任、排除劳动者权利"的情形，应属无效。

因此，用人单位在确定负有保密义务员工的竞业限制期限时应明确具体，并确保其择业自由权受到限制是一个确定的状态，避免因过度限制员工自主择业权而被认定无效。

（二）竞业限制的区域

如果用人单位与员工就竞争区域作了明确约定，则一般以双方约定为准，但不得损害劳动者的择业自由权，否则可能导致无效。例如，在丙公司与宋某的劳动争议案中，法院认为，竞业限制只能限制员工的择业权，而不能剥夺其就业权，即竞业限制不能涉及员工的就业生存权利。丙公司的注册地在北京市，经营具有一定区域性、行业性特点，但丙公司提交的《劳动合同》对宋某竞业限制业务范围的约定，扩大至丙公司的全部业务领域，因为其业务领域范围过大，所以竞业限制违反了相关法律规定。

故竞业限制的区域，应当以能够与用人单位形成实际竞争关系、有可能损害用人单位商业秘密等竞争优势的范围为限，不应过度扩张。

（三）竞业限制的范围

《劳动合同法》第24条第2款对竞业限制的范围作出了明确规定："在解除或者终止劳动合同后，前款规定的人员到与本单位生产或者经营同类产品、从事同类业务的有竞争关系的其他用人单位，或者自己开业生产或者经营同类产品、从事同类业务的竞业限制期限，不得超过二年"。

例如，在洪某某与丁公司的劳动争议案件中，双方签订的《员工保密及竞业限制协议》将竞业限制范围约定为"与甲方及甲方关联企业，有竞争关系的单位组织内任职或者以任何方式为其服务"，并约定"有竞争关系的单位组织"的范围为"包括与甲方及其关联企业直接竞争的单位及其直接或间接参股或控股或受同一企业控制的单位、组织"。法院认为，该案中，虽然涉案协议要求劳动者履行竞业限制的范围包含用人单位的关联企业，但用人单位的关联企业具体名称不明，约定的竞业限制范围不清且过于宽泛，过度剥夺了劳动者的择业机会，而劳动者在原用人单位和新单位的岗位并不相同，业务也有所区别，用人单位提供的证据不足以证明劳动者入职新单位后会使用其原先掌握的商业秘密给用人单位造成损。因此，法院认为不合理的竞业限制范围无效，并最终认定劳动者未违反竞业限制义务。

故竞业限制的范围应当明确具体，避免过度损害劳动者的择业自由权。

五、竞业限制的具体制度设计

为了最大化保障用人单位的商业秘密，即核心竞争力，用人单位应进行有效的竞业限制管理，避免员工因离职后泄露用人单位的商业秘密导致用人单位遭受巨大损失。而用人单位的竞业限制管理应主要从流程和协议内容两个方面着手。

（一）用人单位进行竞业限制管理的流程设计

第一，建立必要的商业秘密保护制度和措施。如果用人单位没有对商业秘密采取保密措施，那么用人单位的技术信息、技术数据、经营数据和信息等可能存在不被认定为"商业秘密"的法律风险。因此，用人单位对商业秘密应当建立必要的保密措施，例如技术、数据信息以及经营信息等材料的查阅权限管理、网络系统的保密权限设置、用人单位研发管理制度，以及商业秘密保护日常分级管理制度。

第二，用人单位应当在员工面试阶段便启动竞业限制管理，提前了解面试或拟入职的可能接触用人单位商业秘密的候选人进行背景调查、签订《竞业限制协议》的意愿以及是否需要履行前企业的竞业限制等情况，并作为录用的参考因素。

第三，用人单位与员工签订《竞业限制协议》的时间应尽量选择在入职时同时签订《劳动合同》。如果用人单位在员工离职时提出签订《竞业限制协议》或《竞业承诺》，职工可以拒绝。

第四，"其他负有保密义务的人员"的规定相对比较抽象，因此用人单位与员工签订《竞业限制协议》时应同时签订《保密协议》，通过《保密协议》明确约定员工的保密义务，从而确定签署《保密协议》的员工属于"其他负有保密义务的人员"。另外，对于竞业限制能否约束亲属行为，审判实务中存在一定争议。有法院认定员工的亲属实际上利用了该员工的优势或者该员工以亲属之名实际上自身从事同业行为，也有法院认为竞业禁止涵盖直系亲属等约定超过了法定人员范围。虽然尚未有明确的司法解释出台，但是从用人单位的角度出发，建议可以提前在协议中约定对员工及其亲属开展同业竞争活动进行约束。

第五，对于重点人员，特别是掌握用人单位核心机密的技术人员、高级管理人员或者其他能够接触商业机密的人员，用人单位应当加强对重点人员的管理。

第六，员工离职阶段，用人单位应当在职工离职前明确是否要求职工离职后履行竞业限制，并将是否启动竞业限制的决定在离职时明确告知职工。例如，向离职员工发送《关于履行竞业限制协议的通知函》，或在离职证明等材料中明确履行或无须履行竞业限制，以便该劳动者应聘的其他用人单位能够及时了解其所受的竞业限制，避免不必要的劳动纠纷。

（二）用人单位进行竞业限制管理的内容设计

第一，关于签订对象，签订竞业限制协议的对象限于高级管理人员、高级技术人员和其他负有保密义务的人员。

第二，关于竞业限制期限，《劳动合同法》规定员工离职后竞业限制协议期限不得超过 2 年，超过 2 年的部分无效，故用人单位可以根据自身情况决定员工竞业限制的期限。

第三，关于竞业限制的地域，一般不必约定竞业限制地域，即使约定，建议以可能与用人单位产生实质性竞争的地域范围。

第四，关于竞争限制的范围，应在《劳动合同法》第 24 条第 2 款的基础上进行扩大解释。对员工在竞争单位处缴纳社保、领取报酬、报销费用的行为，解释为受聘于竞争单位。对竞争业务作具体的约定，说明用人单位的具体竞争业务类型。明确竞争主体的具体类型和名称，同时将竞争主体扩大到有直接竞争关系单位的具体关联企业。

第五，关于竞业限制汇报（反馈）机制，为加强用人单位对离职员工的竞业限制进行有效的管理，应在竞业限制协议中约定员工每间隔一段时间向用人单位汇报其工作情况，并提交相应的劳动合同和社保缴纳记录证明。

第六，用人单位在《竞业限制协议》中应当设定相对合理的竞业限制补偿金和违约责任，以保证员工有足够的动力遵守竞业限制协议。由于各地区出台的地方性法规中关于竞业限制补偿金的标准有所不同，而劳动纠纷的裁判标准具有很强的地方性，因此用人单位仍应根据当地的具体规定，同时考虑员工的岗位性质、薪酬水平、保密期限等因素来确定合理的竞业限制补偿金数额。再者，违约金的标准不宜约定过高，通常违约金的标准为竞业限制期限内竞业限制补偿金的 3~5 倍，通过约定一定数额的违约金，可以约束员工自觉维护用人单位商业秘密。

六、结　语

由于竞业限制是保护用人单位自身商业秘密的有效手段，因此在员工入职到离职过程中做好竞业限制管理至关重要。首先，通过岗位性质筛选"负有保密义务的员工"；其次，在签订劳动合同的同时，与该员工签订保密协议和竞业限制协议；最后，在该员工离职后书面通知其履行竞业限制义务，并按期支付竞业限制补偿金，同时要求员工每间隔一段时间向用人单位汇报其工作情况。需要注意的是，用人单位与员工签订的竞业限制协议的范围、期限、违约条款等应符合法律规定，避免过度损害员工的择业自由权而被认定无效。

企业知识产权侵权风险应对的从容之法

程 妍

企业在发展壮大的路上难免遇上竞争对手要挟,收到警告函、律师信、起诉状等都是常见情形。这类信件是危机警示,企业无需过度惊慌。一方面,其表明企业的发展规模、产品市场受到了同行的关注;另一方面,企业要有条理地应对,才不会自乱阵脚。

笔者将从短期、中期、长期着眼,谈谈企业应对侵权风险的从容之法。

一、当务之急,厘清事实

(一) 是否侵权,可否无效

接到侵权警告或起诉,企业首先要做的就是判断风险是否为真。例如,我方产品是否落入对方权利范围内、对方权利是否稳定有效以及能否宣告无效、我方行为是否不视为侵权等,均需要专业调研和分析。企业可自行评估,或聘请专业机构、律师出具法律意见,对侵权的事实、理由、证据进行核实。

（二）正面应对，从容答复

起诉状在立案后由法院送达，对于被告的答辩时间，一般在各国均有时间限制。而警告函、律师信属于诉前阶段，是原告还未提起诉讼时的警告手段；但警告函、律师信在诉讼中有非常重要的作用，企业不应忽视，需要正确答复。因此，在完成侵权分析、专利稳定性分析或商标无效前景分析后，企业应正面答复或答辩，清楚阐述不侵权、不视为侵权、对方专利权无效、对方商标连续3年不使用等抗辩理由。

（三）评估风险、损失与责任

若经分析后，企业有侵权可能，则应着手评估警告信或起诉状中所列产品的市场价值和商业价值，估算企业在市场方面可能面临的损失与风险。企业还应根据自身产业链结构，分析供应商是否具有侵权补偿责任或自身是否对客户具有侵权补偿责任。

二、梳理羽翼，寻求制衡

（一）资产清查

紧急应对后，企业应立即开展双方资产盘查工作，梳理敌我产品线、市场份额、知识产权资产，寻找敌方知识产权漏洞。例如，是否存在专利或商标等知识产权侵权、是否有稳定性差的专利，同时找到我方有效专利。根据双方资产清查情况制定相应策略，摸清敌我双方的实力、弱点，构建我方竞争优势和威慑力，将局面扳平甚至反败为胜。

（二）团队建设

通过上面的整理，企业应对需要涉及多方面的调研与分析，并进行策略的制定。在整个风险应对项目的运作中，企业应成立专门的项目团队，由负责人牵头，企业内部抽调研发、市场、采购和知识产权部人员，外部则聘请律师和顾问，并制定合理的协调机制、工作机制和决策，各方配合，确保工作更为全面、有效。

三、知识产权布局才是企业工作重点

知识产权界有一句话："只有两种企业会真正重视知识产权，一种是吃过苦头的，另一种是尝过甜头的。"笔者分别在不同的时间听到、看到这句话，但每次的感受都截然不同——开始不以为意，而后深感赞同。

笔者在从事专利审查工作时，对专利的理解专注于《专利法》中的鼓励发明创造。在进入知识产权咨询行业后，笔者通过专业支持、辅助企业知识产权工作，以及深度参与了各类知识产权项目后，深感知识产权是一项特别需要未雨绸缪的工作。企业只有发挥知识产权的商业价值，才能在商业竞争中脱颖而出。因此，知识产权布局是企业知识产权工作的重点。

如果企业想在未来的知识产权风险管控中做到未雨绸缪，那么知识产权布局是行之有效的务实之举。

对于知识产权，企业除了要保护自身创新，还应当构建竞争性知识产权资产。所谓竞争性，可以简单拆分为针对性和目的性。通过专利、商标检索，研究竞争对手技术路线、品牌管理，摸清对方布局薄弱点、空白点，进行针对性布局，补足其竞争劣势或埋下包围、反击点，形成强攻击性知识产权资产；通过检索分析，对目标产品、目标市场进行前瞻性、扩展型专利、商标布局，让竞争对手无可乘之机。

风险应对与管控是企业知识产权工作的一大重点。面对风险，若只懂得被动应对，则随着企业发展，风险仍会不断累积，最终击垮企业；而开展知识产权风险防范，以分析布局的思维进行未雨绸缪，才是从根本上降低企业知识产权风险、构建企业核心竞争力。

第四部分 运用与管理

从华为公司与 OPPO 达成全球专利交叉许可事件谈专利交叉许可

曹树鹏

2022 年 12 月 9 日，华为公司官方网站宣布：华为公司与 OPPO 广东移动通信有限公司（以下简称"OPPO"）宣布签订全球专利交叉许可协议，该协议覆盖了包括 5G 标准在内的蜂窝通信标准基本专利。

2022 年 12 月 5 日，国家知识产权局知识产权发展研究中心发布的《中国民营企业发明专利授权量报告（2021）》显示，华为公司、腾讯科技（深圳）有限公司、OPPO 位列前三，其 2021 年发明专利授权量分别为 7630 件、4537 件、4196 件。❶

一、3.5 亿台 5G 手机获得了华为公司许可

截至 2021 年底，华为公司在全球专利申请量累计超过 20 万件，专利授权量累计超过 11 万件。华为公司在中国的专利申请量持续上升，2020 年突破 1 万件，2021 年达到近 12000 件。2021 年，华为公司在美国的新增专利授权量排名第 5 位，在美国累计获得 2 万件专利。❷

---

❶ 国家知识产权知识产权发展研究中心. 中国民营企业发明专利授权量报告[EB/OL]. (2022-12-05)[2023-11-07]. http://www.ahipdc.cn/download/6396db98e4b0127edf699169.pdf.

❷ 佚名. 华为与 OPPO 达成全球专利交叉许可 今年约 3.5 亿台 5G 手机获华为专利许可[EB/OL]. (2022-12-09)[2023-11-07]. https://www.chinanews.com/cj/2022/12-09/9911655.shtml.

除 OPPO 外，华为公司还和三星集团达成了专利交叉许可协议，覆盖了双方相关的标准必要专利。标准必要专利的许可要遵循公平、合理和无歧视的原则。在智能手机、智能车、网络、物联网（IoT）等行业，全球有近 20 家厂商获得华为公司专利许可，包括三星集团、OPPO 等，其中中国厂商有十几家。❶

2022 年，华为公司宣布与 OPPO 达成全球专利交叉许可的同时，全球大约有 3.5 亿台 5G 手机获得了华为公司许可，近 10 家全球主要的智能汽车生产商获得华为公司的相关专利许可。获得华为公司许可的智能网联汽车超过 1500 万台。❷

二、关于专利交叉许可

专利作为科技时代的产物，日益发挥着重要作用，巧妙利用专利往往能达到事半功倍的效果。

所谓专利交叉许可，是一种基于谈判的，在产品或产品生产过程中需要对方拥有专利技术的时候而相互有条件容许对方使用本企业专利技术的协议。也就是说，专利交叉许可是双方以价值相等的技术，在互惠互利的基础上，相互交换技术的使用权和产品的销售权。实施交叉许可保证利益双方在技术开发中的设计和操作自由，防止出现专利侵权风险。

在专利交叉许可的实施过程中，由于实施双方的专利组合价值不同，通常会产生专利价值平衡问题。这个时候只能"用钱来解决了"。就是说，在专利技术上（或者专利纠纷中）处于弱势的一方，需要向处于优势的一方支付一定的经济补偿。当然，如果没有经济补偿的话，用专利这一无形资产来置换也是可以的，即要将某项核心专利技术无偿授让给对方。

---

❶❷ 佚名. 华为与 OPPO 达成全球专利交叉许可 今年约 3.5 亿台 5G 手机获华为专利许可[EB/OL]. (2022-12-09) [2023-11-07]. https：//www.chinanews.com/cj/2022/12-09/9911655.shtml.

以微软公司为例，其曾在 2011 年与三星集团达成专利交叉许可协议，以促进双方在通信、技术服务等领域的发展；此外，微软公司还曾与宏达国际电子股份有限公司（HTC）等公司签署了专利授权协议。微软公司也多次通过专利交叉许可来完成战略布局，足见专利交叉许可的优势。

三、专利交叉许可的价值

第一，专利交叉许可能清除专利壁垒，助力技术研发。随着互联网技术的发展，行业内部甚至各行业间的技术交叉现象越来越明显，企业开发新技术越来越难以避开前人的技术成果。一旦前人将技术以专利的方式保护起来，就会发生专利侵权行为。而专利交叉许可恰恰可以满足前人与后来开创者之间在技术上的需求，消除技术壁垒，促进行业技术的研发与飞跃。

第二，减少诉讼风险。专利交叉许可能帮助降低专利侵权纠纷和相关的诉讼风险。通过企业之间的积极合作并相互许可专利，可以帮助企业避免因专利侵权而引发的法律纠纷以及与之产生的高昂的诉讼费用。例如 2012 年苹果公司与 HTC 的专利和解案就是最佳的证明。

第三，扩大市场机会。专利交叉许可能扩大市场机会并增加竞争力。通过与其他企业合作，互相许可专利，企业可以共同开发新产品、探索新市场，以及共享市场份额和营收。

第四，节省研发成本。专利交叉许可能节省研发成本。通过许可其他企业的专利技术，企业可以避免重复投资和研发相似的技术，从而更有效地利用资源和资金。

第五，降低市场竞争压力。特别是在某些技术领域，专利交叉许可能帮助降低市场竞争的压力。通过共享专利技术，企业可以形成一种互利共赢的关系，在一定程度上减少激烈的竞争，维持市场的稳定和可持续发展。

需要注意的是，专利交叉许可必须遵守相关的法律和合同约束，并在课税、知识产权保护等方面谨慎考虑。此外，对于每个企业而言，参与专利交叉许可的决策应该仔细评估风险和利益，确保能够实现预期的好处和目标。

四、专利许可谈判管理

（一）许可应对需要整体响应

面对许可，企业要改变以往各部门独立作战的方式，转向以主责部门的身份自居，并快速形成调动其在公司管理层的影响力，在获得公司高层支持的前提下，建立应对工作小组。该工作组的核心功能是将公司的整体意志体现在应对过程中并向决策层提供专业意见及建议。该工作组设立后，既可以一事一议，完成使命后解散，更可列为常设组织，应对后续发生的许可事件并在过程中不断提升能力及技巧，形成契合企业管理现状的应对响应机制。

简言之，许可需要企业级的响应以及上下联动，切忌协同部门事不关己，知识产权部门忙得飞起。

（二）分析许可标的及应对目标确定

企业正式应对前，对于事实的尽调必不可少，可以将这个部分定义为许可应对的初始阶段。通常而言，充分调查及分析是摸清对方实力、意图，己方底牌，拟定响应策略的重要事实依据。初始阶段具有较强的时效要求，需要在短时间内调查清楚并尝试接洽。毕竟许可方发出的要约中明确了反馈时间，未经沟通的延时反馈甚至不反馈，特别是在具有大量标准必要专利（SEP）的技术领域，有可能被认定为主观具有拒绝接收许可的态度。

（三）许可应对过程的管理

许可应对是确立目标后的核心工作，如果把前期的准备工作定义为客观事实尽调，那么此阶段就是与人在打交道。

应对过程可以简单先后划分为技术阶段及商务阶段，两个阶段并没有明确的区分点，但从应对小组人员名单上可以发现，如果技术人员比重减小，且主要是知识产权或法务人员与对方沟通费率、数量、基数等问题，则可基本认定为已经进入商务阶段，且并非不能重新返回技术阶段。

（四）许可后管理

有人说"合同签了，才是谈判的开始"。确实，对于许可而言，签了许可合同只是刚刚起步，后续对于许可协议的执行才是许可的真谛。

许可协议的执行主要包括：费用支付、审计应对、保密遵守、协议补充及动态调整和协议终止等工作。这都需要企业 IPR 根据企业的发展需求来确定工作范围和计划。

专利交易得这么热,我们到底在交易什么

王 旭

2021年7月,国家知识产权局发布了《国家知识产权局关于促进和规范知识产权运营工作的通知》。在此之后,很多知识产权服务机构都把运营作为自己核心业务之一,无论在线上还是在线下,大量的知识产权运营平台不断涌现,运营模式也不断迭代更新,运营概念中最为热闹的莫过于专利交易。

由于买卖双方的诉求不一样,专利交易呈现多种形态,在不同的形态中虽然都有专利的影子,但其内涵却存在极大的不同。笔者对专利交易做了一个简单的分类。

一、技术交易

技术交易多出现在高校和科研院所。由于高校和科研院所拥有较强的技术研发能力,但缺乏产业化能力及经验,因此需要企业对其科研成果转化,也可以简单地把技术交易理解为技术转移。此语境下的转移标的看起来是证书,但实际上买方关注的是整个技术资产包。证书仅是权利体现,在交易中作为凭证。买方关注的范围包括专利、技术性文档、Know – How 等一系列材料。专利证书可以视作技术资产移转的显性符号。

狭义专利交易领域的技术型交易，除了关注专利本身，同时更加关注专利背后的信息。诸如，企业并购或者技术引进前，对技术先进性、技术成熟度、技术变现能力等方面都需要考虑。就其内容的核心载体专利本身而言，关注点放在专利的保护范围以及权利稳定性。毕竟买方不希望在交易完成后，虽然技术拿到了，但权利凭证由于各种原因失效。

新闻中经常出现一家公司的专利卖了几亿元，相信其背后都是类似于技术交易的整体性移转。毕竟作为一件专利，其背后蕴藏的技术和商业价值才是交易的根本。

二、凭证交易

凭证交易和当下最活跃的交易形式，广泛见于各类线上或线下的知识产权运营平台，也是民众对知识产权运营或专利交易的初次印象。近似于物物互换的交易方式也便于民众理解何为知识产权运营。此类交易常见于验收、人才等项目需求。

凭证交易中最具价值的是专利授权证书，交易前买方对专利实质内容进行审核，包括专利的申请时间、技术领域是否满足项目要求以及是否"已授权未下证"。但是，随着时间发展，凭证交易走向了另一个极端，由于此类交易已经违背了专利交易促进技术转化的初衷，是为了满足大量的"证书"需求，因此助推出了一个近乎病态的专利申请生态。不过随着国家知识产权局对非正常专利申请的打击和人们对专利交易的深入认识，此类交易在所有交易形态排位中会逐步靠后，甚至被淘汰。

三、法益交易

法益本是刑法学的概念，指的是法律所保护的利益。在相对狭义语境下，该交易就是交易专利所保护的技术方案，或者说交易的是权利要求保护的技术特征，并享有该保护范围的合法垄断权。至于交易后得到的技术方案是否实际使用在自身的产品或服务上，暂时不予关注。

通常而言，专利交易本身带有较强的保护或对抗目的，诸如奥克斯空调股份有限公司购买东芝开利株式会社的专利，其核心目的就是能够拥有技术方案的排他权益，进而希望扭转其与珠海格力电器股份有限公司竞争中专利资产实力不足的窘境。而相关专利即将期满的事实也并没有影响奥克斯空调股份有限公司购买行为。此类交易移交的目标是专利权，目的也是获得专利权。购买方可以通过行使专利权，帮助企业在市场中获得竞争优势。但需要关注的是，由于此类交易往往与纠纷诉讼相关联，因此对于专利的检视尤为重要，保护范围、稳定性、权利要求对照表（CC）等一系列的关注点在交易前需要反复确认。以免花费高价格买回的专利，还没正式使用就被宣告无效。

随着我国企业对专利在市场竞争中作用认识的不断加深，当自身无形资产无法对抗或制衡竞争对手的攻击，而临时申请专利又来不及，相信会有很多企业转向公开渠道寻找对应专利以作应对。换句话说，交易法益不会消失，这也进一步提示了广大专利运营平台，不要只盯着专利证书交易，多关注市场中热点领域或某些重点企业的专利资产（对抗型/制衡型）的搜集及梳理。这对企业后续业务的发展都是强促进。

由于法益交易的强目的性，容易造成购买专利打商战的局面。专利交易的目的应该回归到技术创新上来，才是正道。

四、结　语

结合上文的分类可以看出，凭证交易虽然是最为活跃的交易类型之一，但对于技术转化的促进作用有限，容易催生非正常专利申请，而且从政策层面上，此类交易继续增长的后劲不足。法益交易的目的性强，每家企业都同时处于防守和进攻的位置，在现阶段市场竞争环境下，会有越来越多的企业加入这个类型中。从产业链条上看，为了迎合自身需求，企业内部知识产权管理及鉴别能力、服务机构的专业化支持都不可或缺。技术交易是最符合政策及立法方向的一类交易，除了国家知识产权局，财政部、科学技术部也都多次联合发文希望能够促进此类交易活跃度。相信随着专利交易的市场逐步正规化，技术交易及法益交易将会有所发展。

知识产权作价入股需要注意的问题

刘蔓莉

越来越多的企业以及高级技术人员在入股其他科技型企业时，会选择通过知识产权进行出资。通过知识产权作价入股不仅可以解决部分出资企业资金不足的问题，而且可以享受特定的税收优惠政策。但是知识产权本身权属和价值具有不确定性，在以知识产权作价入股的时候存在一些需要明确的风险。

例如，甲公司与乙公司、丙公司共同设立丁公司，约定乙公司、丙公司各出资1000万元，而甲公司以其商标作价入股，占股30%，由丁公司统一对外经营原来甲、乙、丙3家公司的业务，并使用甲公司持有的商标。经营2年后，因经营理念的分歧，甲、乙、丙3家公司打算解散丁公司，随后，甲公司授权A公司使用其商标继续开展经营活动，为此，乙、丙2家公司认为涉案商标属于3家公司开办的丁公司所有，甲公司授权他人使用商标已经侵犯了其合法权益，为此将甲公司起诉到法院。

法院审理中发现，甲公司尽管将商标作价入股到丁公司，但并未办理变更手续，其商标一直登记在甲公司名下，而A公司系有偿使用，属于善意第三人，乙公司、丙公司的诉讼请求被依法驳回。

2023年修订的《公司法》第48条规定："股东可以用货币出资，也可以用实物、知识产权、土地使用权、股权、债权等可以用货币估价并可以依法转让的非货币财产作价出资；但是，法律、行政法规规定不得作为出资的财产除外。"说明知识产权可以是法定的股东出资方式之一。但知识产权的出资要履行法定的操作程序。首先，需要具备相应资质的第三方评估机构对知识产权进行评估作价；其次，应当将知识产权的权利登记到企业的名下，并提供知识产权的转移证明文件；最后，依据上述文件向工商行政管理机关申请登记。

笔者将从知识产权作价入股的流程以及知识产权作价入股的常见风险两部分来进行介绍。

一、知识产权作价入股的流程

以知识产权出资入股，需要对资产进行评估，可以通过货币估价作为企业设立的一种出资形式，且必须按照规定的程序进行办理。

第一，股东共同签署企业章程，约定彼此出资额和出资方式。

第二，知识产权所有权人委托资产评估机构对知识产权进行评估。

第三，根据企业章程将拟出资的知识产权变更到企业名下。

第四，根据已经出具的资产评估报告，进行注册资本出资审验，并出具验资报告。

第五，登录"国家企业信用信息公示系统"完成注册资本实缴变更登记备案。

二、知识产权作价入股常见风险

（一）双方私下协商定价，不经过专业的资产评估机构

知识产权定价以协商确定为主是没有问题的，也符合市场规律，但要注意协商定价与《公司法》中规定的出资关系。根据2023年修订的《公司法》第48条和第50条规定，对作为出资的非货币财产应当评估作价，核实财产，不得高估或者低估作价。法律、行政法规对评估作价有规定

的,从其规定。在有限责任公司设立时,股东未按照公司章程规定实际缴纳出资的,或者实际出资的非货币财产的实际价额显著低于所认缴的出资额的,设立时的其他股东与该股东在出资不足的范围内承担连带责任。同时,《最高人民法院关于适用〈中华人民共和国公司法〉若干问题的规定(三)》第 9 条规定:"出资人以非货币财产出资,未依法评估作价,企业、其他股东或者企业债权人请求认定出资人未履行出资义务的,人民法院应当委托具有合法资格的评估机构对该财产评估作价。评估确定的价额显著低于企业章程所定价额的,人民法院应当认定出资人未依法全面履行出资义务。"由此可见,这种做法对出资人是存在风险的。

如果知识产权占企业注册资本比例过高,会造成企业经营资金短缺。因此,企业发起人或股东决定接受以知识产权出资时,应当结合企业自身发展需要,将知识产权出资所占注册资本比例控制在合理范围内。

如果专利出资预期收益与实际情况相差很大导致专利出资价值缩水,在投资协议中无明确约定的情况下,可能会导致专利价值大幅度降低,进而出现按出资比例享受分红和参与决策等股东权益不对等的僵局。

(二) 知识产权作为出资物的所有权以及使用权的作价有所区别

虽然根据 2023 年修订的《公司法》第 48 条的规定,专利实施权也是作价入股的标的,但为了避免后期产权不清等不必要的麻烦,将专利所有权作为入股标的是最佳方案。

(三) 知识产权作为出资物的后续成果权属的限定问题

使用专利作价入股时,技术资料的交接和权利的移交、专利技术入股方的技术培训和指导、后续改进成果的权属都需要提前进行约定。

尤其是对于在转让专利的基础上进行的二次研发产生的成果,若有出资方的研发人员同时参与研发,需要对该项成果进行明确的权属约定。

(四) 知识产权作为出资物的知识产权权利稳定性以及权利丧失的问题

在以知识产权进行出资时，专利、商标和著作权等均需要提供证书。其中，专利需要特别注意，包括常规的审查专利证书、专利登记簿副本、专利权人、专利权的有效期、法律状态、无效宣告、处于有效期内的专利实施许可协议等信息，对于后续若存在作为出资物的知识产权被无效或者因为其他因素导致权利丧失的情况，也应该进行提前约定。

《公司法》取消了对知识产权出资比例的限制，只要具有货币可评估性并办理财产权的转移手续，知识产权就可以作为权利人的出资，进入企业资本序列。但是知识产权价值内涵太过丰富且存在变数，即使作为专业评估机构也难以做到客观和公允，而出资人更难把控知识产权的价值。因此，在知识产权出资过程中，应关注其价值存在变数的可能性，采取措施使企业资本处于相对确定状态，为企业搭建一个良好的股权架构和发展基础。

浅议专利开放许可

郑柏超

一、什么是专利开放许可制度

2020年修正的《专利法》第50条规定了专利开放许可制度，即专利权人自愿以书面方式向国务院专利行政部门声明愿意许可任何单位或者个人实施其专利，并明确许可使用费支付方式、标准的，由国务院专利行政部门予以公告，实行开放许可。

专利开放许可的目的和意义在于，作为一种简便快捷的"一对多"的许可方式，在专利开放许可期内，任何人可以按照该专利开放许可的条件实施专利技术成果，降低专利许可的交易成本，极大促进专利实施运用，推动专利权经济价值的实现。调查显示，该制度自实施便受到各方广泛关注，48.3%的专利权人知晓开放许可制度，有49.6%的专利权人愿意采用开放许可方式。其中高校专利权人的占比达到90%。[1]

国家知识产权局于2022年5月11日印发了《专利开放许可试点工作方案》，组织开展专利开放许可试点工作，为专利开放许可制度全面落地

---

[1] 李晨. 2022年我国有效发明专利产业化率创五年新高［EB/OL］. （2023－01－03）［2023－06－09］. https：//www.ncsti.gov.cn/kjdt/xwjj/202301/t20230103_105850.html.

做好政策、机制、平台、项目等各方面准备，确保专利开放许可制度平稳落地、高效运行，大力推动知识产权转化运用。

二、专利开放许可的好处和风险

相对于其他类型的专利许可方式，专利开放许可提高了转化效率、降低了交易成本，主要体现在以下三个方面。

第一，许可对象方面。有意实施专利开放许可的任何单位或者个人以书面方式通知专利权人，依照公告的许可使用费支付方式和标准支付许可使用费后，即可获得专利实施许可。开放许可增加了专利技术被获取和应用的机会，提升了潜在市场价值，提高了转化效率和社会效益，有助于推动技术创新和产业发展。但是，专利权人无法选择实施对象。普通许可权利人以及其他单位或者个人均可以实施，权利人可自主决定许可对象。排他许可在一定范围内，许可方只允许被许可方及自身实施其专利，而不再许可其他人实施该专利。权利人可自主决定许可对象。独占许可仅限被许可方实施，包括许可方在内的一切其他人在规定的时间、地域内无法实施该项技术，权利人可自主决定许可对象。

第二，定价和计费方式方面。开放许可专利权人明确许可使用费支付方式、标准，且由国务院专利行政部门予以公告，对于被许可人而言更加合理和透明。避免与潜在被许可人进行烦琐的谈判和协商，降低专利许可的交易成本。其他许可方式基于协商或司法判决。

第三，年费优惠方面。开放许可实施期间，对专利权人缴纳专利年费相应给予减免，降低了专利维持的负担。其他许可方式没有相关优惠。

综上而言，专利开放许可在提高转化效率、降低交易成本的同时，降低了权利人对专利权、被许可人、许可条件的选择权和控制力，可能导致权利人不愿意对自身核心专利进行开放许可。实施开放许可的专利对于潜在客户的吸引力也可能弱于独占或排他许可专利。

三、专利权人如何开展专利开放许可

专利权人自愿许可任何单位或者个人实施其专利,应当注意以下六大事项。

(一) 挑选适合进行开放许可的专利

在申请专利前,挑选适合进行开放许可的专利,可以综合考虑多方面的因素,包括专利的技术领域、市场前景、实用性、有效期等。例如:①权利稳定,就实用新型专利、外观设计专利提出开放许可声明的,应当提供专利权评价报告;②技术领域广泛,有多个潜在的应用场景和需求方的专利;③实用性较强,可以为需求方提供明显的技术优势或降低成本的专利;④有较高的市场化潜力,但缺乏自身实施能力或资源的专利;⑤有效期较长,可以持续获取许可使用费收益的专利。

(二) 计算专利开放许可使用费

对专利开放许可使用费进行计算,可参考的估算方式包括:①参考专利已自行实施产生的收益,例如可以由专利产品年均利润和专利技术对产品整体利润的贡献率来确定;②参考专利已许可实施的使用费,例如已签订的专利普通许可合同年均使用费;③参考同行业专利实施许可统计数据,例如国家知识产权局公布的"十三五"国民经济行业专利实施普通许可相关数据(普通许可,按固定或折算金额支付),如表1所示。

参考国际一般许可费率,将产品利润的25%或产品销售额的5%作为专利实施许可使用费提成率的谈判基准。

表1 "十三五"国民经济行业专利实施普通许可相关数据❶

国民经济行业	平均许可期限/ （年/份）	年均合同金额/ （万元/年/份）	年均专利金额/ （万元/年/件）
制造业	4.3	53.0	15.1
科学研究和技术服务业	4.1	36.5	9.9
建筑业	3.6	28.7	4.3
信息传输、软件和信息技术服务业	2.9	15.9	2.3
农、林、牧、渔业	2.3	13.8	3.6
批发和零售业	5.1	7.6	3.3
电力、热力、燃气及水生产和供应业	3.0	147.3	64.3

以上估算方式均可以考虑调整系数。根据预期被许可人可通过达成开放许可的获益多少来调整，调整方式包括：①技术成熟度，如果拟开放许可专利技术方案易于实施，预期被许可人数量较多，该专利产品或类似产品生产和销售量多面广、市场已趋饱和，则调整系数应适当调低；②技术先进性，如果拟开放许可专利在业内处于领先地位、解决的是关键问题，自身价值高于同行业专利平均价值，则调高系数，反之调低系数；③权利稳定性较高，例如顺利通过复审或无效程序后仍然维持有效，则可以适当调高系数；④潜在经济价值，从剩余经济寿命、市场应用情况或前景、诉讼赔偿情况等方面进行考虑，如果可以获得商业利益、获得诉讼赔偿较高，则可以适当调高系数；⑤其他涉及专利法律价值、技术价值、经济价值的评价指标。

---

❶ "十三五"国民经济行业（门类）专利实施许可统计表［EB/OL］.（2021-12-17）［2023-08-18］. https：//www.cnipa.gov.cn/module/download/downfile.jsp?classid=0&showname=1.%E2%80%9C%E5%8D%81%E4%B8%89%E4%BA%94%E2%80%9D%E5%9B%BD%E6%B0%91%E7%BB%8F%E6%B5%8E%E8%A1%8C%E4%B8%9A%EF%BC%88%E9%97%A8%E7%B1%BB%EF%BC%89%E4%B8%93%E5%88%A9%E5%AE%9E%E6%96%BD%E8%AE%B8%E5%8F%AF%E7%BB%9F%E8%AE%A1%E8%A1%A8.pdf&filename=3d0a76b562cf439db20e189e0de5e36e.pdf.

（三）明确付费方式

1. 一次性付费或总付额内分期支付

一次性付费为一笔固定金额。对于专利权人来说，可以一次性获得所有的许可使用费，简便易行、风险较低，但不能分享被许可人在实施该专利技术进行生产、销售专利产品后带来的收益；对被许可方来说，在未掌握专利技术实施成效的情况下支付所有费用，经济负担较重，存在一定风险。总付额内分期支付许可使用费为一笔固定金额，由被许可方分次付清。可能发生被许可人延期付款或不再支付后续费用的情况，专利权人应当提前预见并采取相应措施。

2. 提成支付或入门费附加提成支付

提成支付不规定被许可人支付许可使用费的总额，而是当被许可人实施专利获取实际收益时，按照利润或者产品销售额的一定比例支付提成费。入门费附加提成支付许可使用费分为两部分，一是许可达成后先支付一笔约定的金额，二是专利实施后再按照约定的比例向专利权人支付提成费。许可达成后先支付的金额被称为入门费，一般为固定金额。提成费的计算基数常见的有销售额或利润额，其中前者多以当年度合同产品的净销售额计算，后者多以被许可方专利产品的净利润额计算。对于专利权人来说，如果被许可人经营不善、没有收益，专利权人可能无法收取许可使用费；在后期履约过程中，双方还需要对专利产品实际销售额或实际利润，即提成费的计算基数进行确认，避免可能产生的争议。

3. 按节点支付

按节点支付也称为里程碑式支付，是指满足特定条件、达到节点后支付相应许可使用费的方式。例如，在药品专利许可时，根据药品注册步骤，在达到特定节点，如获得临床试验批件、提出药品注册申请获得药品上市后，支付特定许可使用费的方式。按节点付费不仅可以减轻被许可人的前期资金压力，而且可以减少技术开发失败带来的风险。

此外，《国家知识产权局办公室关于印发专利开放许可试点工作方案的通知》（国知办函运字〔2022〕448号）中鼓励专利权人进行阶段性免费许可，探索先试用、后付费等方式。

（四）以书面形式向国务院专利行政部门声明

以书面形式向国务院专利行政部门声明，即专利许可信息表，其中应明确以下四个方面：①专利基本信息，例如专利号、授权公告日、专利名称、专利权人；②对专利权有效性、是否存在排他或独占许可等事项作出承诺，自行实施以及许可他人实施专利的状况；③许可期限，许可使用费支付方式、标准；④相关文件需要全体专利权人签章。

专利权人提交的材料由专利开放许可信息发布与交易服务平台（以下简称"交易平台"）对许可信息进行核查，核查是否满足开放许可信息发布条件。

（五）办理许可备案和结算

意向被许可方在交易平台上报名登记，交易平台组织双方交易签约，办理许可备案和结算。实行开放许可的专利权人可以与被许可人就许可使用费进行协商后给予普通许可，但不得就该专利给予独占或者排他许可。

（六）撤回信息或声明

专利权人原则上不撤回已发布信息，撤回开放许可声明的，应当以书面形式提出，并由国务院专利行政部门予以公告。开放许可声明被公告撤回的，不影响在先给予的开放许可的效力。由于开放许可实施期间减免专利权人缴纳专利年费，因此专利权人在撤回声明后，可能需要补交享受减免的年费差额。

四、被许可人如何获得许可

国家知识产权局组织专利开放许可试点省局，各试点省局通过依托的核查机构或相关公信力和影响力强的信息平台，集中公开发布许可信息表。公开发布的信息包括专利号、专利权人名称、发明名称、许可使用费支付方式和标准、许可期限、专利权人联系方式等数据项。在国家知识产权局统一组织下，各试点省局公布的开放许可信息以网页链接、接口调用等方式进行共享，在有意愿和条件的知识产权运营等平台上进行展示发布，扩大受众面、提升成交率。

以北京市专利开放许可试点平台——专利开放许可信息发布与交易服务平台为例，2022年底已累计发布专利开放许可项目总数累计超过2500件。❶ 被许可人选择意向专利的考虑因素与其他许可类型的专利许可类似，可从专利法律价值、技术价值、经济价值等维度进行评价，例如与自身发展规划契合度、适配自身实施条件和技术水平、专利潜在经济价值和市场前景、实施投入与回报比率、专利法律状态、潜在纠纷与风险等。

意向被许可方在交易平台上报名登记、提交报名材料，交易平台组织双方交易签约，办理许可备案和结算，即可完成专利开放许可流程。

五、结　语

综上所述，笔者从专利开放许可制度的概念、优势和劣势、申请和实施流程等方面进行了介绍，旨在为专利权人和被许可人提供一些参考。专利开放许可制度是一种新型的专利许可模式，它有利于推动知识产权强国建设，促进专利技术的快速转化和广泛应用，提高专利权人的经济收益和社会效益；当然，专利开放许可制度也面临一些问题和挑战，如需求匹配、资源质量、定价难度、监管保障等，需要进一步的规则完善、政策支持、经验积累，以实现制度的平稳落地和高效运行。

---

❶ 中国技术交易所. 中技发布：开放专利惠万家——北京市2500件开放许可专利集中发布[EB/OL]. (2022-12-27) [2023-08-18]. https：//us.ctex.cn/article/ctexnews/202212/20221200132219.shtml.

浅论 AI 生成作品的著作权

谭 娅

笔者将 AI 生成作品理解为使用深度学习技术生成的作品。例如，人工智能生成内容（AIGC）技术可以根据文字自动生成文本内容，稳定扩散（stable diffusion）模型可以根据输入文本生成逼真的艺术风格图片，一些预训练模型可以通过生成对抗网络（GAN）等技术生成优美动听的音乐。随着 AI 技术的不断发展，可预见 AI 会生成更多形式的作品。而通过深度学习技术生成这些作品的过程大致可以分为以下四个阶段。

训练：将海量的数据库样本输入一个预定义模型中，使用特定的算法如循环神经网络（RNN）或生成对抗网络进行深度学习，AI 模型会学习输入样本的特征，在此过程中模型会不断自动调整结构和参数。

生成：AI 模型会根据先前学习到的特征来生成与真实数据相似的新数据，形成一个新作品。

评估：对生成的新作品进行评估，评估结果会用来调整 AI 模型的结构和参数，以便生成更高质量的作品。

迭代：整个训练过程会重复多次，直到 AI 模型性能稳定且能够生成高质量、符合预期的作品为止。

基于上述对 AI 生成作品过程的理解，笔者对以下四个方面进行了思考，也请各位读者一起交流讨论、批评指正，期待在不久的未来可以通过法律的修改、司法解释等方式厘清这些问题。

一、AI 生成作品是否具有独创性

《著作权法》第 3 条规定:"本法所称的作品,是指文学、艺术和科学领域内具有独创性并能以一定形式表现的智力成果。"

AI 生成作品的一个争议点在于其是否具有独创性。笔者认为,在讨论作品独创性时,先抛开创作主体,仅讨论该作品是否独创;因为无需强调作品的创作过程,而只需针对创作结果是否具有独创性进行讨论。一幅 jpg 格式的图片是否具有独创性,并不强调其创作过程是手绘或扫描,或是 2D 画图软件生成,还是 3D 建模输出,或是通过相机拍摄获得。

基于此,笔者认为 AI 生成的作品具有独创性。第一,AI 生成作品是 AI 模型通过学习海量样本后生成的新作品,并非输入的已发表的作品,与现有作品都不相同。许多模型在训练过程中设置了相关政策和流程,用于确保生成的内容不会侵犯他人的著作权。第二,AI 可以通过自主探索来生成具有独创性的内容,例如,可以通过无监督学习来发现数据中的模式和关联,并用这些发现来生成新的内容。第三,AI 模型可以持续不断进行深度学习,即可不断对模型参数进行微调,在 AI 模型结构不变而仅改变模型参数的情况下,完全相同的输入也会生成不同的输出。

二、AI 生成作品能否获得著作权

《著作权法》第 2 条规定:"中国公民、法人或者非法人组织的作品,不论是否发表,依照本法享有著作权。"

AI 生成作品著作权的最大争议点在于创作主体是否能获得著作权。争议原因之一在于,AI 生成作品并非一个提前预期的、具象的、详细的结果。但笔者从这些作品的生成过程来思考,作品生成的这些模型通常由人类编写,模型本身的结构和参数设置在训练过程中即带有人的意志,且模型最终是根据人类的输入生成不同的作品,AI 生成作品并没有完全脱离人类的控制。当一个 AI 模型的输出不符合模型开发者的预期，开发者会采用优化算法或调整模型结构、参数来实现其输出符合要求，直至该模型的输出能符合一定的要求。而使用者在使用 AI 模型生成作品时，也需要输入一定指令，在 AI 模型输出物中选取符合自己要求的作为最终输出。

例如，A 公司委托 B 公司根据其要求设计一张图片，B 公司根据 A 公司要求及之前的经验形成文字输入 AI 模型，A 公司从 AI 模型输出的多张图片中选取一张作为交付物并将该图片使用在 A 公司产品上。若 A 公司的竞争对手 C 公司以"该图片不是著作权法上的作品，并不具有著作权"为由主张有权使用该图片，这对 A 公司、B 公司来说是不公平的。实际上，在不知道是哪个版本的 AI 模型也不知晓其具体输入内容的情况下，C 公司基本上不可能通过任一 AI 模型再生成同样的图片；即便是知晓了这些信息，AI 模型也不一定能再次输出同样的图片，就如同一个人不能再次踏入同一条河流。

因此，笔者认为当前技术条件下 AI 模型可以视为是一类高效工具，AI 生成作品可以视为是人类通过 AI 模型生成的作品，因此 AI 生成作品可以获得著作权。

进一步地，假设 AI 生成作品完全不依赖于人类的算法和数据，完全是计算机程序自主生成，例如，ChatGPT 4.0 自主迭代开发出 ChatGPT 5.0，ChatGPT 5.0 无需人类进行训练也无需输入指令便可自主生成文字作品，则该作品没有人类的创造性参与，也就不能认为该作品享有著作权。

三、在 AI 生成作品可获得著作权的情况下，谁享有著作权

《著作权法》第 9 条规定："著作权人包括：（一）作者；（二）其他依照本法享有著作权的自然人、法人或者非法人组织。"

由法条定义可知，只有自然人、法人或非法人组织可以成为著作权人，只有自然人、法人或非法人组织的作品才能依照著作权法享有著作

权。单从字面上理解，AI 生成作品不能享有著作权，因为 AI 生成作品实际上是通过计算机程序生成的作品，而计算机程序不能成为著作权人。假设在 AI 生成作品可获得著作权，一般认为该作品的生产者享有著作权。根据上文中 AI 生成作品的过程可知，其作品生产者包括 AI 模型的开发者或拥有者、使用 AI 模型生成作品的用户。笔者认为，可以视不同情况通过 AI 模型使用的协议或规定明确著作权的归属。例如，OpenAI 的用户协议规定，在用户遵守使用条款的前提下，OpenAI 向用户转让其对输出享有的所有权利、所有权和利益。

四、在 AI 生成作品可获得著作权的情况下，谁能获得署名权

《著作权法》第 10 条规定："署名权，即表明作者身份，在作品上署名的权利。"第 11 条规定："著作权属于作者，本法另有规定的除外。创作作品的自然人是作者。由法人或者非法人组织主持，代表法人或者非法人组织意志创作，并由法人或者非法人组织承担责任的作品，法人或者非法人组织视为作者。"

署名权是一种人身权，是指作者对其作品的署名权利，即对作品是否应包含作者姓名或其他表明作者身份的信息的决定权。

由法条可知，创作作品的自然人是作者。从上文中这些作品的生成过程来分析，在当前技术条件下，AI 生成作品的创作过程中必然有人类参与，包括直接生成作品的 AI 模型的开发者，也包括输入一定指令或数据给 AI 模型以生成作品的使用者。笔者认为，视不同情况可以通过 AI 模型使用的协议或规定明确署名权的归属。

但是，作者必须是自然人吗？试想一下，虚拟学生华智冰已入学清华大学计算机系，AI 模型本身是否也可以有真实世界的身份标识，作为著作权法意义上的作者呢？

此外，著作权法上的作品是否一定要表明作者身份？在实务中，计算

机软件著作权在申请登记过程中无需表明作者身份，无需在计算机软件上署名。AI 生成作品在生成过程中涉及大量的算法和数据，可以认为计算机程序本身即是作品的一部分，若将 AI 生成作品类比于计算机软件著作权，那么是否可以不表明作者身份？

随着深度学习技术的不断发展，AI 生成作品越来越接近甚至超越人类作品。因此，笔者认为，AI 生成作品或许可以具有一定的文学价值和艺术价值。